国家林业和草原局普通高等教育"十四五"规划教材

城市交通设计

程国柱　宋成举　主　编
徐慧智　毛程远　副主编

中国林業出版社
China Forestry Publishing House

内容简介

本教材借鉴最新的技术标准与规范，系统地介绍了有关城市交通设计的基本概念、规定、理论与方法。主要内容包括：城市道路平面交叉口、城市道路立体交叉、城市道路路段、城市地下道路、常规公交与出租车、城市停车场(库)、步行系统、自行车系统的交通设计理论与方法。

本教材可作为高等院校交通工程、交通运输、交通设备与控制工程等专业的本科生教材，也可供交通运输工程专业研究生及从事道路交通规划、设计等工程领域的有关人员参考。

图书在版编目(CIP)数据

城市交通设计 / 程国柱，宋成举主编. -- 北京：中国林业出版社，2024.8.（国家林业和草原局普通高等教育"十四五"规划教材）. -- ISBN 978-7-5219-2775-7

Ⅰ. TU984.191

中国国家版本馆 CIP 数据核字第 2024EU1406 号

策划、责任编辑：田夏青
责任校对：苏　梅
封面设计：周周设计局

出版发行：中国林业出版社
（100009，北京市西城区刘海胡同7号，电话 010-83223120）
电子邮箱：jiaocaipublic@163.com
网址：www.cfph.net
印刷：北京中科印刷有限公司
版次：2024年8月第1版
印次：2024年8月第1次
开本：787mm×1092mm　1/16
印张：13
字数：317千字
定价：45.00元

《城市交通设计》编写人员

主　　编　程国柱　宋成举

副 主 编　徐慧智　毛程远

编写人员(按姓氏笔画排序)

　　　　　　毛程远(浙江师范大学)

　　　　　　冯天军(吉林建筑大学)

　　　　　　宋成举(东北林业大学)

　　　　　　胡宝雨(东北林业大学)

　　　　　　徐慧智(东北林业大学)

　　　　　　程国柱(东北林业大学)

前言

城市交通设计以交通工程学基础理论为指导，分析城市交通基础设施与交通流运行规律之间的互动关系，综合应用城市道路工程设计、交通管理与控制方案设计、交通工程设施设计的方法，制定城市交通基础设施的布设方案和交通流的管理方案，以优化城市交通时空资源，协调出行者路权，实现城市交通系统安全、高效运行。本课程为交通工程专业本科生的核心课程之一，通过本课程的学习，学生能掌握交通系统特征及问题的定量与定性分析、设计指标与参数的确定、方案设计及优化等理论和方法，能够对现有和未来建设的交通系统及其设施加以优化设计，并对设计方案进行正确认识和评价。

党的二十大报告提出，坚持把发展经济的着力点放在实体经济上，推进新型工业化，加快建设制造强国、质量强国、航天强国、交通强国、网络强国、数字中国。《交通强国建设纲要》提出到2035年，基本建成交通强国。现代化综合交通体系基本形成，人民满意度明显提高，支撑国家现代化建设能力显著增强；拥有发达的快速网、完善的干线网、广泛的基础网，城乡区域交通协调发展达到新高度；智能、平安、绿色、共享交通发展水平明显提高，城市交通拥堵基本缓解，无障碍出行服务体系基本完善。城市交通运行水平的提高离不开科学合理的城市交通设计，有必要对先进的城市交通设计理念与方法进行归纳总结。与此同时，我国陆续出台了与城市交通设计相关的标准、规范与导则，对于城市交通设计给出了相关规定，以适应新时期交通运输发展的需要，对城市交通设计教材融入新的相关成果十分必要。

本教材由程国柱、宋成举任主编，徐慧智、毛程远任副主编。编写分工如下：第一、二、四章由程国柱编写，第三章由徐慧智编写，第五章由毛程远编写，第六章由胡宝雨编写，第七章由冯天军编写，第八、九章由宋成举编写；全书由程国柱统稿。本教材得到了中国林业出版社田夏青编辑的大力支持和帮助，王婉琦、孙宁、米亚宁、王浩宇、朱品安、李金禹、李昕源、李威骏、孟凤威等同学参与了书稿的整理及校核工作，在此一并表示感谢。

本教材参阅了国内外有关文献，引用和理解上难免存在偏颇之处，敬请见谅！

鉴于城市交通设计研究尚在不断发展和完善之中，且编写人员水平和手中资料有限，谬误和不当之处恳请读者批评斧正。

编　者

2024年3月

目 录

前 言

第一章 绪论 ·· 001
  第一节 城市交通设计的定义与分类 ·· 001
  第二节 城市交通设计的内容与流程 ·· 001
  第三节 城市交通设计的理论基础与依据 ·· 004

第二章 城市道路平面交叉口交通设计 ·· 007
  第一节 平面交叉口的分类与选型 ·· 007
  第二节 平面交叉口交通设计的内容与原则 ···································· 008
  第三节 常规平面交叉口交通设计 ·· 009
  第四节 环形交叉口交通设计 ·· 026
  第五节 畸形平面交叉口交通设计 ·· 031
  第六节 城市道路与铁路平面交叉口交通设计 ································ 034

第三章 城市道路立体交叉交通设计 ·· 036
  第一节 立体交叉的分类与选型 ··· 036
  第二节 立体交叉交通标志设计 ··· 037
  第三节 城市道路与铁路立体交叉设计 ·· 041

第四章 城市道路路段交通设计 ·· 043
  第一节 城市道路路段总体设计 ··· 043
  第二节 城市快速路基本路段设计 ··· 044
  第三节 城市干路与支路路段设计 ··· 057
  第四节 城市道路路段交通组织设计 ·· 067
  第五节 区域交通组织设计及交通组织专项设计 ···························· 071

第五章 城市地下道路交通设计 ·· 077
  第一节 城市地下道路设计的基本规定 ·· 077
  第二节 城市地下道路的横断面布置与设计 ···································· 080

第三节　城市地下道路出入口设计 ………………………………………… 085
　　第四节　城市地下道路交通设施设计 ……………………………………… 091

第六章　常规公交与出租车交通设计 …………………………………………… 097
　　第一节　公交专用道设计 …………………………………………………… 097
　　第二节　常规公交与出租车停靠站设计 …………………………………… 109
　　第三节　常规公交与出租汽车停车场设计 ………………………………… 119
　　第四节　公交车保养场与修理厂设计 ……………………………………… 124

第七章　城市停车场交通设计 …………………………………………………… 128
　　第一节　相关术语与设计原则 ……………………………………………… 128
　　第二节　城市停车需求预测与车位供给 …………………………………… 129
　　第三节　路外停车场交通设计 ……………………………………………… 134
　　第四节　路内停车位设计 …………………………………………………… 148

第八章　步行系统交通设计 ……………………………………………………… 151
　　第一节　相关术语和设计原则 ……………………………………………… 151
　　第二节　步行网络设计 ……………………………………………………… 153
　　第三节　步行空间设计 ……………………………………………………… 158
　　第四节　步行环境设计 ……………………………………………………… 165
　　第五节　无障碍设计 ………………………………………………………… 171

第九章　自行车系统交通设计 …………………………………………………… 179
　　第一节　相关术语和设计原则 ……………………………………………… 179
　　第二节　自行车网络设计 …………………………………………………… 181
　　第三节　自行车隔离形式与过街带设计 …………………………………… 184
　　第四节　自行车停车设施设计 ……………………………………………… 187
　　第五节　公共自行车系统设计 ……………………………………………… 190

参考文献 …………………………………………………………………………… 197

第一章 绪 论

第一节 城市交通设计的定义与分类

一、城市交通设计的定义

城市交通设计的定义为：以交通工程学基础理论为指导，分析城市交通基础设施与交通流运行规律之间的互动关系，综合应用城市道路工程设计、交通管理与控制方案设计、交通工程设施设计的方法，制定城市交通基础设施的布设方案和交通流的管理方案，以优化城市交通时空资源，协调出行者路权，实现城市交通系统安全、高效运行。

二、城市交通设计的分类

城市交通基础设施总体上历经交通规划、工程设计、项目施工及运营管理四个阶段，根据所处阶段的不同，城市交通设计可分为规划设计阶段的交通设计和运营管理阶段的交通设计。

规划设计阶段的交通设计：主要是在交通规划之后、工程设计之前或与工程设计同步进行，针对新建或扩建的城市交通设施，以实现项目规划目标及功能为目的，强调设计的系统性和全局性。当交通设计方案无法实现规划目标时，需要对规划方案进行重新论证与调整，调整后的规划方案要为交通设计提供足够的设计空间。

运营管理阶段的交通设计：针对已经出现交通问题的城市交通设施或某一个城市交通子系统进行，出现的问题涉及效率、安全、环境等多方面。相对而言，运营管理阶段的交通设计目标更加明确，设计方案更加具体。

第二节 城市交通设计的内容与流程

一、城市交通设计的内容

城市交通设计的内容主要包括：平面交叉口交通设计、立体交叉交通设计、路段交通设计、地下道路交通设计、常规公交与出租车交通设计、停车场(库)交通设计、步行系统交通设计与自行车系统交通设计。

1. 城市道路平面交叉口交通设计

城市道路平面交叉口交通设计主要包括：平面交叉口的分类与选型、常规平面交叉口交通设计、环形交叉口交通设计、畸形平面交叉口交通设计、城市道路与铁路平面交叉口交通设计。

2. 城市道路立体交叉交通设计

城市道路立体交叉交通设计主要包括：立体交叉的分类与选型、立体交叉交通标志设计、城市道路与铁路立体交叉设计。

3. 城市道路路段交通设计

城市道路路段交通设计主要包括：城市道路路段总体设计、城市快速路基本路段设计、城市干路与支路路段设计、城市道路路段交通组织设计。

4. 城市地下道路交通设计

城市地下道路交通设计主要包括：城市地下道路横断面布置与设计、城市地下道路出入口设计、城市地下道路交通设施设计。

5. 常规公交与出租车交通设计

常规公交与出租车交通设计主要包括：公交专用道设计、常规公交与出租车停靠站设计、常规公交与出租车停车场设计、保养场与修理厂设计。

6. 城市停车场交通设计

城市停车场交通设计主要包括：停车需求预测与车位供给、停车场交通设计、路内停车位交通设计。

7. 步行系统交通设计

步行系统交通设计主要包括：步行网络设计、步行空间设计、步行环境设计、无障碍设计。

8. 自行车系统交通设计

自行车系统交通设计主要包括：自行车网络设计、自行车隔离形式与过街带设计、自行车停车设施设计、公共自行车系统设计。

二、城市交通设计的流程

城市交通设计的流程在规划设计阶段和运营管理阶段存在较大的差异。在规划设计阶段，规划上的功能定位与设计目标、交通需求预测、用地条件等是交通设计的主要依据，交通设计服务于道路建设；在运营管理阶段，在相关规划条件的基础上，道路的现状、使用中存在的问题和改善的可能性则成为交通设计需要考虑的重要因素，交通设计服务于交通管理。

1. 规划设计阶段的城市交通设计流程

由于交通需求量为预测值，无法完全准确反映城市交通设施使用后的情况，所以规划设计阶段的城市交通设计为原则性设计。在设计过程中，应为今后的交通需求变化预留空间，交通设施在建成后即使发生问题也可通过较为方便的方法和措施对其做进一步的改善。需要说明的是，如果交通设计目标或规划目标始终无法实现，则说明规划不尽合理，这时则需要调整规划方案。

规划设计阶段的城市交通设计流程如图1-1所示。以城市总体规划与交通规划作为依据，基于交通需求预测结果，进行城市交通设计方案研究与制定，对方案进行评价与判断。若满足设计要求，则予以应用；否则，需进一步调整设计方案，若反复调整设计方案仍不能满足设计要求，则需调整规划方案。

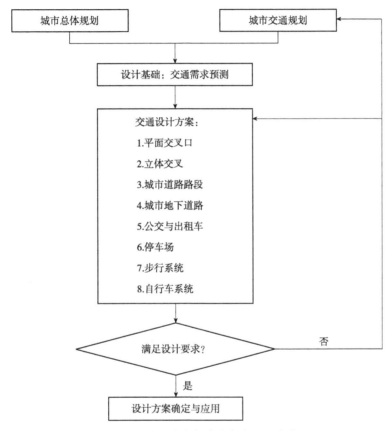

图1-1 规划设计阶段的城市交通设计流程

2. 运营管理阶段的城市交通设计流程

运营管理阶段的城市交通设计需要考虑的因素众多，面对的基础条件也相对复杂。运营管理阶段的城市交通设计需要基于设计目标，在设计方案中重点体现设计目标是如何实现的，因此在制定设计目标和设计方案时，会受到各种条件的制约，需要经过反复论证、评价、比选，形成最终方案。

运营管理阶段的城市交通设计流程如图1-2所示。以交通设施及其沿线现状、交通运行参数、交通管理现状等作为依据，基于交通运行评价与现状问题分析结果，确定交通设计目标（效率、安全、环保等），进行城市交通设计方案研究与制定，并对方案进行评价与判断；若达到设计目标，则予以应用；否则，须进一步调整设计方案。

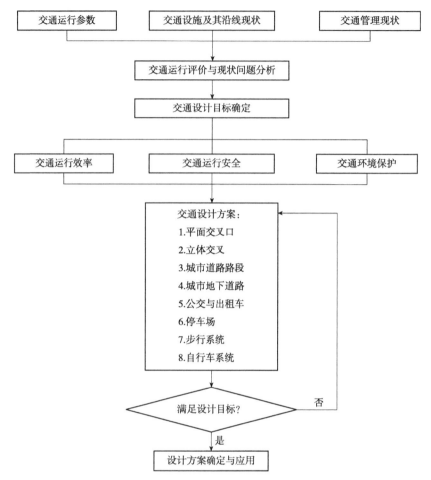

图 1-2 运营管理阶段的城市交通设计流程

第三节 城市交通设计的理论基础与依据

一、城市交通设计的理论基础

1. 城市交通规划

城市交通规划是指根据对城市历史和现状交通供需状况与人口、经济和土地利用之间相互关系的分析研究,基于城市未来人口、土地利用和经济发展预判,进行交通运输发展需求的分析与预测,确定城市未来交通运输设施发展建设的规模、结构、布局等方案,并对不同的方案进行评价比选,确定推荐方案,同时提出建设实施方案的一个完整过程。

规划设计阶段的城市交通设计需依据确定的城市交通规划方案进行,目的是实现规划目标,为下一步的工程设计提供依据。运营管理阶段的城市交通设计需考虑设计方案在未来年限的适用性,因此也需要借助城市交通需求预测理论与方法。

2. 交通流理论

交通流运行特征是人-车-路-环境及交通管理与控制方式共同作用的结果，遵循交通流的运行规律是城市交通设计的基本要求。交通流包括连续流和间断流，交通流理论也可分为连续流理论和间断流理论。连续流理论包括流量-速度-密度三参数关系、微观动力学模型（跟驰模型、换道模型、元胞自动机模型）、宏观动力学模型（车流波动理论、元胞传输模型）等；间断流理论包括排队论、间隙接受理论、交通延误分析模型等。

城市快速路的交通流可认为是连续流，其他等级城市道路由于平面交叉口的存在，其交通流大多为间断流。交通流理论可以为确定城市交通设计中的交通参数提供理论依据。

3. 道路通行能力与服务水平

道路通行能力是指道路设施在正常的道路条件、交通条件、管控条件、环境条件和驾驶行为等情况下，在一定的时段内（通常取1h）可能通过设施的最大车辆数。道路通行能力分析的目的是确定交通运行质量，因此通行能力的分析、评价必须与服务水平的分析、评价同时进行。道路服务水平是用路者在不同的交通流状况下，所能得到的速度、舒适性、经济性等方面的服务程度，即道路在某种交通条件下为驾驶人和乘客所能提供的运行服务质量。

道路通行能力与服务水平理论是城市交通设计的重要依据，对于规划设计阶段的城市交通设计，道路通行能力与服务水平分析是评价交通设计方案的基础；对于运营管理阶段的城市交通设计，道路通行能力与服务水平分析则是现状交通运行评价与问题诊断的理论依据。

4. 道路线形设计

道路线形设计主要包括平面线形设计、纵断面线形设计、横断面线形设计。平面线形设计主要包括：直线、圆曲线、缓和曲线，超高与加宽，行车视距；纵断面设计主要包括：纵坡坡度、纵坡坡长、竖曲线；横断面设计主要包括：横断面组成、横断面布置、车道数、车道宽度、路拱与横坡等。对于城市道路，其线形设计的顺序为：横断面设计、平面线形设计、纵断面线形设计。

道路线形设计是道路工程设计的重要组成部分，对于规划设计阶段的城市交通设计，重点是在路段和交叉口规划方案的基础上，以满足下一步道路工程设计需求为目标进行交通设计。对于运营管理阶段的城市交通设计，重点是在道路横断面设计方案的基础上，结合交通流分布情况，开展路段与交叉口、公共交通、路内停车及慢行系统的交通组织设计。

5. 交通工程设施设计

交通工程设施是为保证车辆安全、高效运行而设置的设施，是道路基础设施中不可或缺的组成部分。城市道路交通工程设施主要包括：交通标志和标线、防护设施、交通信号灯、交通监控系统、服务设施、道路照明及变配电设施、管理处所及设备等。

交通工程设施设计广泛应用于城市交通设计。对于规划设计阶段的道路，交通工程设施作为道路系统的配套设施，应满足同步设计、同步施工、同步验收的要求。对于运营管理阶段的道路，工程技术人员有时无法改变道路的选址和空间布局，交通工程设施的合理设计在一定程度上可以取得较好的交通运行改善效果。

二、城市交通设计的依据

城市交通设计参照和依据的技术标准与规范包括国家标准、行业标准、导则和地方标准。

国家标准是指对全国经济技术发展有重大意义，需要在全国范围内统一技术要求而制定的标准。国家标准是所有标准、规范制定的基础，其他各级标准不得与之相矛盾。行业标准是对国家标准的补充，是专业性、技术性较强的标准，或没有相应国家标准而又需要在某个行业范围内统一技术要求而制定的标准。导则是对行业技术要求和实施程序所做的统一规定，不具有强制性。地方标准是在国家标准基础上制定的具有地方特色且只在该地区执行的标准。

城市交通设计需参照和依据的国家标准、行业标准及导则见表1-1。

表1-1 城市交通设计参照和依据的主要标准及导则

设计内容	标准、规范、导则名称	标准、规范编号
交叉口交通设计	《城市道路交叉口设计规程》	CJJ 152—2010
	《城市道路交叉口规划规范》	GB 50647—2011
	《城市道路工程设计规范（2016年版）》	CJJ 37—2012
	《城市道路交通组织设计规范》	GB/T 36670—2018
路段交通设计	《城市道路交通组织设计规范》	GB/T 36670—2018
	《城市道路工程设计规范（2016年版）》	CJJ 37—2012
	《城市快速路设计规程》	CJJ 129—2009
城市地下道路交通设计	《城市地下道路工程设计规范》	CJJ 221—2015
公交与出租车交通设计	《公交专用车道设置》	GA/T 507—2004
	《城市道路公共交通站、场、厂工程设计规范》	CJJ/T 15—2011
	《快速公共汽车交通系统设计规范》	CJJ 136—2010
	《城市道路工程设计规范（2016年版）》	CJJ 37—2012
停车场（库）交通设计	《城市停车规划规范》	GB/T 51149—2016
	《车库建筑设计规范》	JGJ 100—2015
	《城市道路路内停车泊位设置规范》	GA/T 850—2009
	《城市公共停车场工程项目建设标准》	建标 128—2010
	《城市道路工程设计规范（2016年版）》	CJJ 37—2012
慢行系统交通设计	《城市步行和自行车交通系统规划设计标准》	GB/T 51439—2021
	《无障碍设计规范》	GB 50763—2012
	《城市人行天桥与人行地道技术规范》	CJJ 69—1995
	《城市公共自行车交通服务规范》	GB/T 32842—2016
	《城市道路工程设计规范（2016年版）》	CJJ 37—2012

除表1-1中的标准与导则外，城市交通设计所依据的通用标准与导则还包括：《城市交通设计导则》《城市综合交通调查技术标准》（GB/T 51334—2018）、《城市交通运行状况评价规范》（GB/T 33171—2016）、《城市综合交通体系规划标准》（GB/T 51328—2018）、《城市道路交通标志和标线设置规范》（GB 51038—2015）、《城市道路交通设施设计规范》（GB 50688—2011）。

第二章 城市道路平面交叉口交通设计

本章以常规平面交叉口为主,重点介绍交叉口形式的选择、进口车道数量及车道宽度设计、进口专用车道设计、进口道长度设计、出口道设计、视距及转角缘石半径设计、行人与非机动车过街设施设计、交通渠化设计等相关内容,同时也将介绍环形交叉口、畸形平面交叉口、城市道路与铁路平面交叉口的设计要点。

第一节 平面交叉口的分类与选型

一、平面交叉口分类

城市道路平面交叉口分为信号控制交叉口(平 A 类)、无信号控制交叉口(平 B 类)和环形交叉口(平 C 类)三种类型,其中信号控制交叉口和无信号控制交叉口又可按以下方式进一步细分。

1. 信号控制交叉口
①交通信号控制,进口道展宽交叉口(平 A1 类)。
②交通信号控制,进口道不展宽交叉口(平 A2 类)。

2. 无信号控制交叉口
①中心隔离封闭,支路只允许右转通行的交叉口,简称右转交叉口(平 B1 类)。
②减速让行或停车让行标志管制交叉口(平 B2 类)。
③全无控制交叉口(平 B3 类)。

二、平面交叉口选型

平面交叉口选型应满足交叉口的功能要求,交叉口的功能由相交道路类型决定。根据《城市道路交叉口设计规程》(CJJ 152—2010),平面交叉口应根据相交道路等级的不同,按照交通组织方式的分类进行选型,并应符合表 2-1 的规定。

表 2-1 平面交叉口选型表

相交道路类型	选型	
	推荐形式	可用形式
主干路-主干路	平 A1 类	—
主干路-次干路	平 A1 类	—
主干路-支路	平 B1 类	平 A1 类

(续)

相交道路类型	选型	
	推荐形式	可用形式
次干路-次干路	平 A1 类	—
次干路-支路	平 B2 类	平 A1 类或平 B1 类
支路-支路	平 B2 类或平 B3 类	平 C 类或平 A2 类

注：人口在 50 万以上的城市，次干路与次干路相交，因景观需要采用环形交叉口时，应充分论证。

第二节 平面交叉口交通设计的内容与原则

一、平面交叉口交通设计的内容与依据

1. 平面交叉口交通设计的内容

在进行平面交叉口交通设计时，要保证车辆与行人在交叉口能以最短的时间顺利通过，使交叉口的通行能力能适应各条道路的行车要求。

平面交叉口交通设计的主要内容包括：①交叉口形式的选择；②进出口车道数量及车道宽度设计；③附加车道设计；④视距的保证；⑤转角缘石半径的确定；⑥行人与非机动车过街设施；⑦交叉口渠化设计。

2. 平面交叉口交通设计的依据

（1）车辆大小

交叉口设计车辆大小应与城市道路设计车辆大小一致，其外廓尺寸规定见表 2-2。

表 2-2 城市道路设计车辆外廓尺寸　　　　　　　　　　　　　　　　m

车辆类型	总长	总宽	总高	前悬	后悬
小客车	6.0	1.8	2.0	0.8	1.4
大型车	12.0	2.5	4.0	1.5	4.0
铰接车	18.0	2.5	4.0	1.7	3.8

（2）车辆速度

城市道路交叉口内的设计速度在保证安全的前提下，应按组成交叉口各条道路设计速度的 50%~70% 计算；转弯车道取小值，直行车道取大值。各级城市道路的设计速度取值见表 2-3。

表 2-3 各级城市道路设计速度　　　　　　　　　　　　　　　　　km/h

道路等级	快速路			主干路			次干路			支路		
设计速度	100	80	60	60	50	40	50	40	30	40	30	20

在交叉口视距三角形验算时，进口道直行车设计速度应与相应道路设计速度一致。

（3）交通量

平面交叉口机动车设计交通量应区分直行与转弯。确定进口车道数等平面设计时，应

采用高峰小时内各信号周期平均到达车辆数。当确定渠化及信号相位方案时，应当采用信号配时时段的高峰小时内高峰15min的到达车辆数。

平面交叉口非机动车设计交通量的确定方法与机动车相同，平面交叉口行人过街设计交通量应采用高峰小时内各信号周期平均到达量。

二、平面交叉口交通设计的原则

①城市道路平面交叉口间距应根据城市规模、路网规划、道路类型及其在城市中的区域位置而定；干路交叉口间距宜大致相等；各类交叉口最小间距应能满足转向车辆变换车道所需最短长度，满足红灯期车辆最大排队长度及进出口道总长度的要求，并不宜小于150m。

②平面交叉口设计范围应包括该交叉口各条道路相交部分及其进出口道（展宽段和渐变段），以及行人、自行车过街设施所围成的空间，一般将缘石切点向外延伸5~10m后所围成的区域作为平面交叉口设计的范围。

③交叉口平面设计应与交通组织设计、交通信号控制及交通标志、标线等管理设施设计同步进行。

④平面交叉口设计时，应使进出口道通行能力与其上游路段通行能力相匹配，并注意与相邻交叉口之间的协调。

⑤交叉口设计应使行人过街便捷、安全，并适应残疾人、儿童、老人等弱势群体的通行需求。

⑥交叉口设计应妥善处理机动车与非机动车之间的相互干扰。

⑦交叉口附近设置公交停靠站应根据公交线路走向、道路类型、交通状况，结合站点类别、规模、用地条件合理确定，应保证乘客安全，方便候乘、换乘、过街，有利于公交车安全停靠、顺利驶出，且不影响交叉口的通行能力。

⑧交叉口范围内有轨道交通时，应做好轨道交通与地面交通换乘设计。

⑨地块及建筑物机动车出入口不得设在交叉口范围内，且不宜设置在主干路上，宜经支路或专为集散车辆用的地块内部道路与次干路相通。

⑩桥梁、隧道两端不宜设置平面交叉口。

第三节　常规平面交叉口交通设计

一、进口车道数量及车道宽度设计

1. 进口车道数量设计

进口车道数应大于上游路段的车道数，有条件时宜分设各流向的专用车道，并满足其交通量所需的车道数要求。

2. 进口车道宽度设计

进口道车道宽度应比路段车道宽度窄，这是因为车辆驶入进口道时，车速较路段明显降低，同时也可防止车辆在进口道内因车道过宽而发生抢道现象。

平面交叉口一条进口车道的宽度宜为3.25m，困难情况下最小宽度可取3.0m。当改建交叉口用地受到限制时，一条进口车道的最小宽度可取 2.80m。转角导流交通岛右侧右转专用车道应按设计速度及转弯半径大小设置车道加宽。

二、进口专用车道设计

平面交叉口进口专用车道包括左转专用车道、右转专用车道与掉头车道。

1. 左转专用车道

（1）设置条件

《城市道路交叉口设计规程》（CJJ 152—2010）规定，平面交叉口进口左转专用车道的设置条件包括：

①当高峰 15min 内每信号周期左转车平均流量达 2 辆时，宜设置左转专用车道。

②当每信号周期左转车平均流量达 10 辆，或需要的左转专用车道长度达 90m 时，宜设两条左转专用车道。

③左转交通量特别大且进口道上游路段单向车道数为 4 条或 4 条以上时，可设置 3 条左转专用车道。

（2）设置方法

平面交叉口进口左转专用车道的设置方法包括：

①展宽进口道，以便新增左转专用车道。

②如图 2-1 所示，压缩较宽的中央分隔带，新辟左转专用车道，但压缩后的中央分隔带宽度对于新建交叉口至少应为 2m，对于改建交叉口至少应为 1.5m，其端部宜为半圆形。

③如图 2-2 所示，道路中线偏移，以便新增左转专用车道。

④在原直行车道中分出左转专用车道。

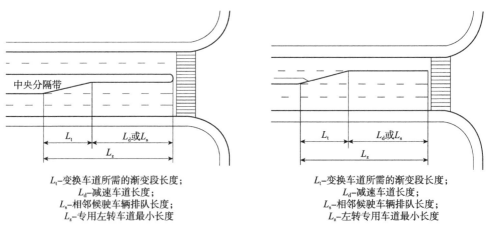

L_t—变换车道所需的渐变段长度；
L_d—减速车道长度；
L_s—相邻候驶车辆排队长度；
L_z—专用左转车道最小长度

图 2-1 压缩中央分隔带设置左转专用车道

L_t—变换车道所需的渐变段长度；
L_d—减速车道长度；
L_s—相邻候驶车辆排队长度；
L_z—左转专用车道最小长度

图 2-2 道路中线偏移设置左转专用车道

2. 右转专用车道

平面交叉口进口右转专用车道设置可采用下列方法：

（1）展宽进口道

如图 2-3 所示，展宽进口道，新增右转专用车道。

(2)在原直行车道中分出右转专用车道

需要在向右展宽的进口道上设置公交停靠站时,应利用展宽段的延伸段设置港湾式公交停靠站,并应增加站台长度。

3. 掉头车道

我国城市道路交叉口多数没有明确禁止车辆掉头,但也没有为掉头车辆提供诱导信息,导致部分交叉口因车辆掉头出现秩序混乱、通行能力降低等情况。掉头车道的设置是解决这一问题的

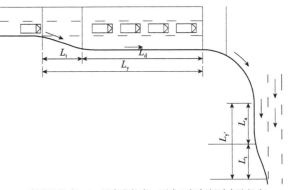

L_t-渐变段长度;L_d-展宽段长度,不小于相邻候驶车队长度;
L_a-车辆加速所需距离;L_y-进口道展宽右转专用车道长度;
$L_{y'}$-出口道展宽加速车道长度

图 2-3 展宽进口道设置右转专用车道

重要途径之一。当左转与掉头预期交通量小于左转车道通行能力时,可设置左转掉头混合车道;当左转与掉头预期交通量大于左转车道通行能力时,应分别设置左转车道和掉头车道。

根据掉头车道在交叉口的位置,掉头车道可分为以下四种模式:

(1)设置在进口道停止线上游

为减少掉头车辆与过街行人之间的相互干扰,一般可在进口道停止线上游约3m处的中央分隔带上开口设置掉头通道,并遵守左转专用相位,如图2-4所示。该模式下,一般需设置左转专用车道和左转专用相位,并且在一个信号周期内到达的左转交通量与掉头交通量的总和不应超过左转专用车道的通行能力。

(2)设置在平面交叉口上游

该模式下,掉头车道开口设在平面交叉口进口道的停止线上游一定距离处,根据车道平衡原理,可压缩进口车道宽度以增加1条进口车道,如图2-5所示。为保证掉头车辆在汇入对向车流时不与对向车道的车辆冲突,应设置专门的掉头信号。该模式一般用于拓宽车道条件不足的进口道。

(3)直接在交叉口内部掉头

该模式下,掉头车辆先进入平面交叉口内部,然后掉头,掉头车辆与左转车辆使用同一相位,如图2-6所示。

该模式一般用于设有左转专用相位,且行人不多、掉头车辆与过街行人冲突较少的情况。

(4)掉头车道外置

掉头车辆要完成掉头,必须有足够的转弯掉头空间。以上三种模式中,掉头车辆均借助较宽的中央分隔带实现掉头。但是,当中央分隔带较窄甚至未设置中央分隔带时,车辆掉头转弯半径不够,可在进口道右侧车道设置掉头车道,即掉头车道外置,如图2-7所示。

该模式可能导致不安全状况发生,因此一般不与左转车辆在同一相位放行,需单独做信号相位及配时设计,并在进口道上游设置提醒标志,使掉头车辆适时变换车道。该模式常见于没有右转交通的T形交叉口进口道。

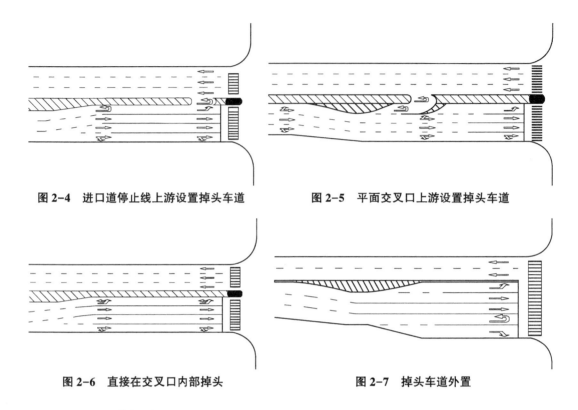

图 2-4 进口道停止线上游设置掉头车道　　图 2-5 平面交叉口上游设置掉头车道

图 2-6 直接在交叉口内部掉头　　图 2-7 掉头车道外置

三、进口道长度

如图 2-1 所示，进口道长度由展宽渐变段长度 L_t 与展宽段 L_d 组成。

1. 渐变段长度

《城市道路交叉口设计规程》(CJJ 152—2010)规定：渐变段长度 L_t 按车辆以 0.7 倍的路段设计速度行驶 3s 横移 1 条车道宽度来计算确定，其最小长度要求为支路 20m、次干路 25m、主干路 30~50m。

【例 1】某城市道路十字交叉口，相交道路等级均为次干路，设计速度均为 50km/h，通过压缩中央分隔带设置左转附加车道，附加车道宽度为 3m，则其渐变段长度应设计为多少？

解：车辆以 0.7 倍的路段设计速度行驶 3s 的距离为直角三角形的斜边长，即 0.7×50/3.6×3=29.17(m)；

车道宽度 3m 为直角三角形短直角边的长度，渐变段长度为直角三角形长直角边的长度，根据勾股定理计算可得：

$$L_t = \sqrt{29.17^2 - 3^2} = 29(\mathrm{m})$$

2. 展宽段长度

《城市道路交叉口设计规程》(CJJ 152—2010)规定，展宽段最小长度应保证左转或右转车不受相邻候驶车辆排队长度的影响。相邻候驶车辆排队长度 L_s 可由下式计算：

$$L_s = 9N \qquad (2-1)$$

式中：N——高峰 15min 内每信号周期内与展宽段相邻车道的候驶车辆数，veh。

当需设两条转弯专用车道时，展宽段长度可取一条专用车道长度的60%。无交通资料时，展宽段最小长度规定如下：支路30~40m，次干路50~70m，主干路70~90m，与支路相交取下限，与主干路相交取上限。

四、出口道设计

1. 出口车道数量

《城市道路交叉口设计规程》(CJJ 152—2010)规定：

①平面交叉口出口车道数量应与上游各进口道同一信号相位流入的最大进口车道数相匹配；条件受限的改建交叉口，出口车道数可减少一条。

②相邻进口道设有右转专用车道时，出口道应展宽一条右转专用出口车道。

2. 出口车道宽度

《城市道路交叉口设计规程》(CJJ 152—2010)规定：平面交叉口出口道每条车道宽度不应小于路段车道宽度，宜为3.5m，条件受限的改建交叉口出口道每条车道宽度不宜小于3.25m。

3. 出口道长度

如图2-8所示，《城市道路交叉口设计规程》(CJJ 152—2010)规定：

①出口道长度由出口道展宽段和展宽渐变段组成，展宽段最小长度不应小于30~60m，交通量大的主干路取上限，其他可取下限；当设置公交停靠站时，应再加上站台长度。

②渐变段最小长度不应小于20m。

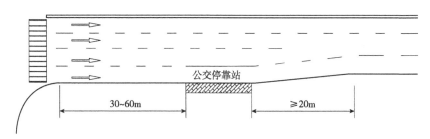

图2-8 平面交叉口出口道长度

五、视距及转角缘石半径设计

1. 视距设计

如图2-9和图2-10所示，为了保证交叉口上的行车安全，驾驶人在进入交叉口前的一段距离内，必须能看清相交道路上车辆的行驶情况，避免发生碰撞，这一距离必须大于或等于停车视距S_T。

由停车视距S_T所组成的三角形称为视距三角形(图中阴影部分)，在视距三角形的范围内，不能有任何阻碍驾驶人视线的障碍物，否则应清除。

视距三角形应以最不利的情况来绘制，绘制的方法和步骤如下：

①确定停车视距S_T，可采用《城市道路交叉口设计规程》(CJJ 152—2010)给出的停车视距，见表2-4。

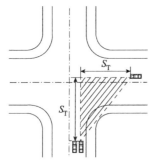 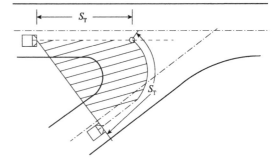

图 2-9　十字交叉口的视距三角形　　　　图 2-10　Y 形交叉口的视距三角形

表 2-4　城市道路平面交叉口视距三角形要求的停车视距

交叉口直行车设计速度(km/h)	60	50	45	40	35	30	25	20	15	10
停车视距(m)	75	60	50	40	35	30	25	20	15	10

②根据交叉口的具体情况，找出行车可能的最危险冲突点。十字形交叉口最危险的冲突点是靠右侧的第一条直行机动车道的轴线与相交道路靠中心线的第一条直行车道的轴线所构成的交叉点，如图 2-9 所示；Y 字形或 T 字形交叉口，其最危险的冲突点则为最靠右侧的第一条直行车道的轴线与相交道路最靠中心线的一条左转车道的轴线所构成的交叉点，如图 2-10 所示。

③从最危险的冲突点向后沿行车轨迹线(可取车行道中线)各量取停车视距 S_T 值。

④连接停车视距末端构成视距三角形，在三条线所构成的视距范围内，不允许有阻碍视线的障碍物存在。

2. 转角缘石半径设计

《城市道路交叉口设计规程》(CJJ 152—2010)规定：平面交叉口转角处缘石宜为圆曲线或复曲线，其转弯半径应满足机动车和非机动车的行驶要求，按表 2-5 选定(有非机动车道时，可减去非机动车道与机非分隔带的宽度)。

非机动车专用交叉口路缘石转弯半径可取 5~10m。

表 2-5　平面交叉口路缘石转弯半径

右转弯设计速度(km/h)	30	25	20	15
无非机动车道路缘石推荐半径(m)	25	20	15	10

六、行人与非机动车过街设施设计

1. 行人过街设施设计

(1)行人过街设施设计原则

①应保障行人安全、便捷过街；宜优先选用平面过街方式，同一交叉口的过街方式应协调一致。

②行人过街设施的位置，应与交叉口周围公交站、轨道车站、大型公建等人流集散点

紧密结合，并应在过街设施附近设置必要的交通引导设施和交通安全设施。

③人行天桥或地道的选择应根据城市道路规划，结合地上地下管线、市政公用设施现状、周围环境、工程投资及建成后的维护条件等因素做方案比较。地震多发地区宜考虑地道方案。

④人行天桥与地道应以规划行人流量及主要流向为依据进行设计，在考虑自行车过天桥地道时，还应依据自行车流量和流向，因地制宜采取交通管理措施，保障行人交通安全和交通连续性，并作出有利于逐步形成步行系统的总体布局。

⑤人行天桥与地道的设置应与公交站点结合，并有相应的交通管理措施。在人行天桥和地道附近布置交通护栏、交通岛、交通标志、标线、交通信号灯及其他设施。

⑥两条干路交叉，当采用立体过街设施时，根据交叉口形状，宜采用圆形、口字形、X形、T形、Y形的布置形式；当采用平面过街设施时，根据交叉口形状，宜采用口字形的布置形式。

(2) 天桥与地道总体设计

《城市道路交叉口设计规程》(CJJ 152—2010) 规定：行人立体过街设施设置应满足以下要求：人行天桥或地道的梯道或坡道占用人行道宽度时，应局部拓宽人行道，保持人行道原有宽度；条件受限时，应保证原有人行道40%的宽度，且不得小于3m。

《城市人行天桥与人行地道技术规范》(CJJ 69—1995) 规定：天桥与地道设计布局应结合城市道路网规划，适应交通的需要，并应考虑由此引起附近范围内行人交通所发生的变化，且对此种变化后的步行交通进行全面规划设计。属于下列情况之一时，可设置天桥或地道：

①进入交叉口的行人流量达到18 000p/h，或交叉口一个进口横过道路的行人流量超过5000p/h，且同时在交叉口一个进口或路段上双向当量小汽车交通量超过1200pcu/h。

②通过环形交叉口的步行人流总量达18 000p/h，且同时进入环形交叉的当量小汽车交通量达到2000pcu/h时。

③行人横过市区封闭式道路或快速干道或机动车道宽度大于25m时，可每隔300~400m设置一座天桥或地道。

④铁路与城市道路相交道口，因列车通过一次阻塞步行人流超过1000人次或道口关闭的时间超过15min时。

⑤路段上双向当量小汽车交通量达1200pcu/h，或过街行人超过5000p/h。

⑥复杂交叉路口，机动车行车方向复杂，对行人有明显危险处。

(3) 天桥与地道通道净宽设计

《城市人行天桥与人行地道技术规范》(CJJ 69—1995) 对于人行天桥与地道通道净宽的规定如下：

①天桥与地道的通道净宽，应根据设计年限内高峰小时行人流量及设计通行能力计算，人行天桥的设计通行能力取值 1800~2000p/(h·m)，人行地道的设计通行能力取值 1440~1640p/(h·m)，车站码头的人行天桥、人行地道的设计通行能力取值 1400p/(h·m)，行人较多的重要区域设计通行能力宜采用低值，非重要区域宜采用高值。

②天桥桥面净宽不宜小于3m，地道通道净宽不宜小于3.75m。

③天桥与地道每端梯道或坡道的净宽之和应大于桥面(地道)净宽的1.2倍以上,梯(坡)道的最小净宽为1.8m。

④考虑兼顾自行车推车通过时,一条推车带宽按1m计,天桥或地道净宽按自行车流量计算增加通道净宽,梯(坡)道的最小净宽为2m。

⑤考虑推自行车的梯道,应采用梯道带坡道的布置方式,一条坡道宽度不宜小于0.4m,坡道位置视方便推车流向设置。

(4)天桥与地道净高规定

《城市人行天桥与人行地道技术规范》(CJJ 69—1995)对于人行天桥桥下净高的规定如下:

①天桥桥下为机动车道时,最小净高为4.5m;行驶电车时,最小净高为5.0m。

②跨铁路的天桥,其桥下净高应符合现行国标《标准轨距铁路建筑限界》的规定。

③天桥桥下为非机动车道时,最小净高为3.5m;如有从道路两侧的建筑物内驶出的普通汽车需经桥下非机动车道通行时,其最小净高为4.0m。

④天桥、梯道或坡道下面为人行道时,净高为2.5m,最小净高为2.3m。

⑤考虑维修或改建道路可能提高路面标高时,其净高应适当提高。

各级架空电缆与天桥、梯(坡)道面最小垂直距离应符合表2-6的规定。

表2-6 人行天桥桥面与各级电压电力线间的最小垂直距离   m

地区	配电线电压(kV)			送电线电压(kV)		
	1以下	1~10	35	60~110	154~220	330
居民区	6.0	6.5	7.0	7.0	7.5	8.0
非居民区	5.0	5.5	6.0	6.0	6.5	7.5

《城市人行天桥与人行地道技术规范》(CJJ 69—1995)对于人行地道最小净高的规定如下:

①地道通道的最小净高为2.5m。

②地道梯道踏步中间位置的最小垂直净高为2.4m,坡道的最小垂直净高为2.5m,极限值为2.2m。

(5)人行横道设计

设置人行横道的作用是提高行人过街的安全性,保障交通秩序。相关研究表明,在有人行横道线的地方通行,比没有人行横道线的地方更安全,行人过街管理设施越完善的地方越安全(表2-7)。

表2-7 行人过街设施危险程度对比

过街设施	危险度	过街设施	危险度
无人行横道标线、无交通信号	1.00	有人行横道标线、有交通信号	0.53
有人行横道标线、无管理规则	0.89	有人行横道标线、有交通信号及安全岛	0.36

人行横道的具体设计要求如下:

①如图2-11所示,人行横道应设置在驾驶人容易看见的位置,宜与车行道垂直,平行

于路段路缘石的延长线并适当后退,尽量靠近交叉口,以缩短行人过街步行距离;在右转车辆易与行人发生冲突的交叉口,宜后退 3~4m,人行横道间的转角部分长度不应小于6m(停放一台标准车辆)。

②人行横道两侧沿路缘石 30~120m 内,应设置分隔栏等隔离设施,主干路取上限,支路取下限。

③人行横道宽度应根据过街行人数量、行人信号时间、通行能力等确定,人行横道的设计通行能力取值2000~2400p/(hg·m),行人较多的重要区域设计通行能力宜采用低值,非重要区域宜采用高值;顺延干路的人行横道宽度不宜小于5m,顺延支路的人行横道宽度不宜小于3m,宜以1m为单位增减。

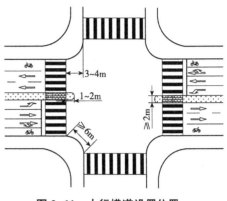

图 2-11 人行横道设置位置

④如图 2-12 所示,当人行横道长度大于 16m 时,应在人行横道中央设置行人二次过街安全岛,安全岛宽度不应小于2.0m,困难情况下不应小于1.5m;可通过减窄转角交通岛、利用转角曲线范围内的扩展空间、缩减进出口车道宽度等措施设置行人二次过街安全岛。因条件限制宽度不足时,安全岛两侧人行横道可错开设置,安全岛两端的保护岛应设反光装置。

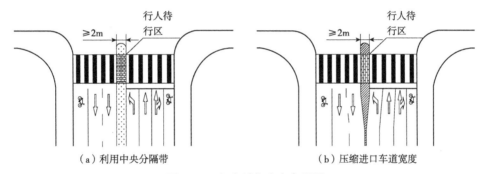

图 2-12 行人过街安全岛设置

⑤当平面交叉口附近高架桥下设置人行横道时,桥墩不应遮挡行人视线,并宜设置行人二次过街安全岛和专用信号。

⑥无信号交叉口必须设置条纹状人行横道,并在人行横道线上游设置"让行人先行"标志。

⑦人行横道与人行道或交通岛交接处应做成坡道,且应符合现行国家标准《无障碍设计规范》(GB 50763—2012)的规定。

⑧穿越主、次干路的行人流量较大,可设行人过街专用信号相位,其绿灯时长应根据行人安全过街所需时间而定,绿灯信号相位间隔不宜超过 70s。

2. 非机动车过街设施设计

非机动车流量较大时,宜在交叉口设置独立的非机动车进出口道,并与机动车道间用设施隔离。非机动车独立进出口道宜采用与机动车一起过街的交通组织方式。平面交叉口非机动车过街设施设计主要是解决左转非机动车的通行需求,兼顾效率与安全。

(1) 两相位信号控制交叉口

①左转非机动车二次过街。对于两相位信号控制交叉口，主要是解决左转非机动车与同向直行机动车流及对向直行机动车流与非机动车流的冲突问题，左转非机动车流量较大且交叉口用地条件许可时，可采用非机动车二次过街方式。

左转非机动车二次过街，是指左转非机动车由进口道进入交叉口后，先直行至相交道路进口道人行横道前方左转待转区等候，待相邻进口道非机动车获得通行权后再通过交叉口的通行方式。左转非机动车二次过街消除了左转非机动车与机动车之间的干扰，但也增加了左转非机动车的绕行距离。该方式的要点是设置非机动车禁驶区，设置方式如图 2-13 所示。

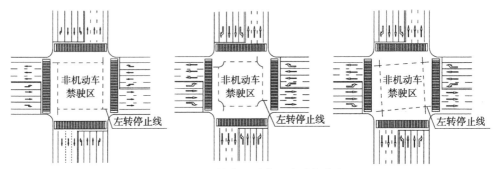

图 2-13　左转非机动车二次过街方式

②非机动车停止线提前。为避免绿灯初期驶出停止线的左转非机动车流与机动车流之间的冲突与干扰，根据非机动车起动较快的特点，可将非机动车停止线与机动车停止线前后错开。红灯期间，非机动车在机动车前方待行；当绿灯启亮时，使非机动车先驶入交叉口，设置方式如图 2-14 所示。

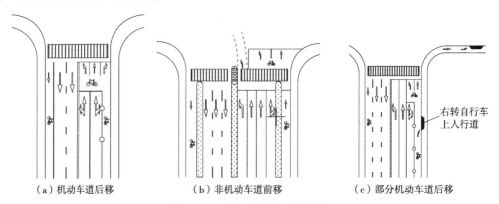

图 2-14　非机动车停止线提前

③非机动车绿灯信号早启早断。非机动车绿灯信号早启早断也是减少左转非机动车与直行机动车冲突的有效方法。该方法对非机动车绿灯信号实施早启早断，使绿灯初期非机动车提前 10~15s 通过交叉口，绿灯末期减少抢进的左转非机动车与机动车之间的冲突。该方法可以与非机动车停止线提前设置结合使用，从时间和空间上分离非机动车与机动车。

(2) 多相位控制交叉口

如图 2-15 所示，左转非机动车待行区的面积应满足非机动车停车需要，位置应保证非机动车的安全并符合其行驶轨迹的要求，且不影响其他交通流的通行。

七、交通渠化设计

交通渠化是指在道路上通过划线、绿地和交通岛来分隔车道，使各种不同类型和不同速度的车辆能像渠道内的水流那样，顺着一定的方向，互不干扰地通行。城市道路平面交叉口在条件允许的情况下全部需要进行渠化设计，应根据其交通管理方式和功能特点，采用导流岛、标志、标线措施等进行渠化设计，对交通流进行合理组织，减少交通冲突和干扰。

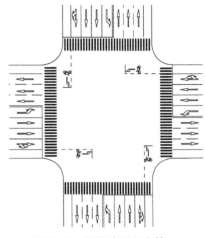

图 2-15　平面交叉口左转非机动车待行区

1. 设计原则

渠化交通可以有效缓解城市的交通拥挤状况，提高车速和通行能力，保障交通安全，它对于解决畸形交叉口的问题尤为有效。进行渠化交通设计时，应遵循下述原则：

①尽量减少交叉口车辆可能发生冲突的路面面积，如图 2-16(a) 所示。交叉口内路面铺装面积过大时，车辆及行人通过交叉口的路径选择余地很大，这反而增加了车辆与行人发生冲突的范围，使通过交叉口的危险性增大。采取渠化措施压缩路面面积，使车辆及行人通过交叉口的路径单一且集中，可有效地控制冲突范围。在较小的冲突范围内，道路使用者可以做出准确的判断并采取应急措施，从而增加安全度。

②增大交通流线的交叉角度，如图 2-16(b) 所示。车辆交叉通过时，其交叉角度越接近直角越有利，这样可以减少可能发生冲突的路面面积，使车辆通过交叉点的时间缩短，驾驶人更易判断被交叉车辆的通过速度。

③减少车流的分流、合流角度，如图 2-16(c) 所示。由于车流在进行小角度的分流、合流运行时，可实现两股车流的速度差最小，在合流时还可充分利用较小的车头间距，因此应尽量减小分流、合流角度，一般该角度应控制在 $10°\sim15°$。

④曲线上交叉口的渠化如图 2-16(d) 所示，这时渠化交通应促使次要道路上的车流进入交叉口时减速缓行，并尽量保证次要道路上的交通流顺畅。

⑤有利于车流进入交叉口时减速和驶出交叉口时加速，如图 2-16(e) 所示。交叉口的设计速度一般低于相交路段的设计速度，因此，车辆进入交叉口时要减速，驶出交叉口时则要加速，渠化交通应满足这一要求，一般将出入口渠化成喇叭型。

⑥渠化交通采用的交通岛位置和形状应配合交通组织指示或强制车辆按正确路径行驶，使车辆不致误入禁行车道或方向，如图 2-16(f) 所示。

⑦有利于车辆及行人横穿对方交通流的安全，如图 2-16(g) 所示。在可能情况下，在较宽的道路方向上设置尽量宽的交通分隔带，以形成行人过街的安全岛，或成为车辆过街时的避让带。这既有利于提高穿越道路的通行能力，也有利于交通安全。

2. 交通岛

(1) 交通岛类型

在渠化交通中，最常用的是高出路面用缘石标界的交通设施，即交通岛。交通岛一般

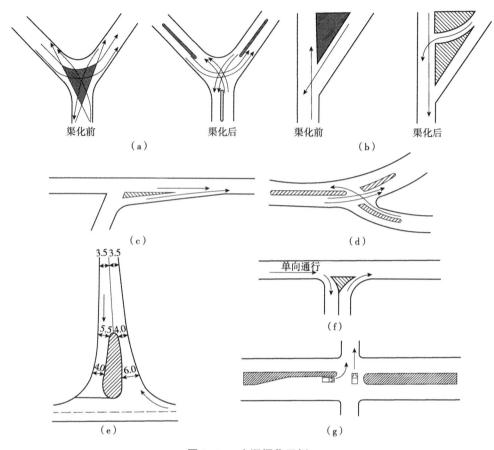

图 2-16 交通渠化示例

要高出路面 15~25cm，有行人通过时则高出路面 12~15cm。其形状为直线与圆曲线的组合图形。按其作用不同可分为分隔岛、安全岛和导流岛等，如图 2-17 所示。

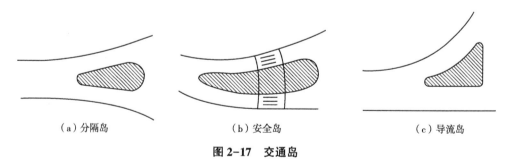

图 2-17 交通岛

①分隔岛是用来分隔机动车和非机动车、快车和慢车，以及对向行驶的车流，保证行车速度和交通安全的长条形交通岛，有时也可在路面上划线来代替分隔岛。

②安全岛供行人过街时避让车辆之用。在宽阔的交通繁忙的街道上，宜在人行横道线中央设置安全岛，以保证行人过街安全。

③导流岛用以指引行车方向，它在渠化交通中发挥重要作用，许多复杂的交叉口，往

往只需用几个简单的导流岛,就能组织好交通,减少或消灭冲突点。导流岛还可用于约束车流,使车辆减速转弯,保证行车安全。

当被交通岛分隔的车行道有不少于两条的车道,或虽为1条车道但需绕避故障车辆而加宽时,或岛中需设置标志、信号杆柱,应采用由缘石围成的实体岛;岛的面积较小,或不宜采用强行分隔时,宜采用在路面上由标线示出的隐形岛;岛的面积很大时,宜采用由附宽度不小于0.5m的路缘带的行车道围成的浅碟式岛。

(2)交通岛设计

交通岛面积不宜小于7.0m²,面积窄小时,可用路面标线表示。导流岛兼作行人过街安全岛时,面积(包括岛端尖角标线部分)不宜小于20m²。导流岛间导流车道的宽度应适当,以避免因过宽而引起车辆并行、抢道。当需设右转专用车道而布设交通岛时,右转专用车道曲线半径应大于25m,并应按设计车辆及曲线半径大小设置车道加宽,加宽后的车道宽度应符合表2-8的规定。

表2-8 右转专用车道加宽后的宽度   m

曲线半径	大型车	小型车
25~30	5.0	4.0
>30	4.5	3.75

交通岛不应设在竖曲线顶部,其端部应醒目,并在外形上能诱导车辆前进方向,必要时可兼作行人过街安全岛。导流岛的偏移距、内移距及端部圆曲线半径(图2-18)最小值可按表2-9取用,导流岛各部分要素(图2-19)最小值可按表2-10取用。

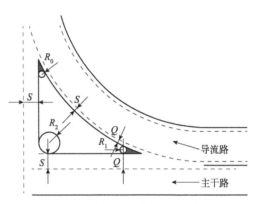

图2-18 导流岛偏移距、内移距及端部圆曲线半径

表2-9 导流岛偏移距、内移距、端部圆曲线半径最小值

设计速度(km/h)	偏移距S(m)	内移距Q(m)	R_0(m)	R_1(m)	R_2(m)
≥50	0.50	0.75	0.5	0.5~1.0	0.5~1.5
<50	0.25	0.50			

表2-10 导流岛各要素的最小值   m

图示	图2-19(a)			图2-19(b)			图2-19(c)		图2-19(d)	
要素	W_a	L_a	R_a	W_b	L_b	R_b	L_b	L_d	W_c	L_c
最小值(m)	3.0	5.0	0.5	3.0	$b+3$	1.0	$b+3$	$b+3$	$D+3$	5.0

3. 交通标线设计

(1)导向车道线

如图2-20所示,当交叉口进口道为双车道及以上,指示车辆按导向方向行驶时,应设置导向车道线;当部分进口车道的行驶方向随需要可变时,应设置可变导向车道线。

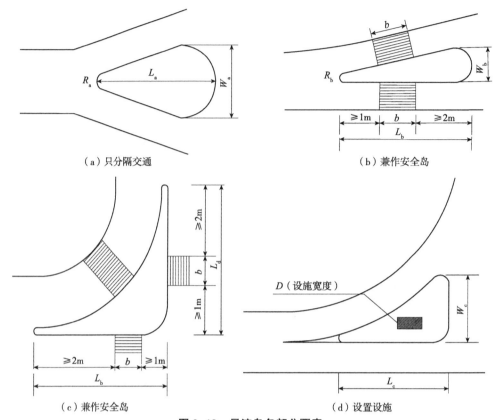

(a)只分隔交通　　　　　　　　(b)兼作安全岛

(c)兼作安全岛　　　　　　　　(d)设置设施

图 2-19　导流岛各部分要素

导向车道线应为白色实线，设计速度大于或等于 60km/h，线宽应为 15cm；设计速度小于 60km/h，线宽应为 10cm。导向车道线设置时应在导向车道内配合设置导向箭头。

导向车道线的长度应根据交叉口车辆排队长度、几何线形、交叉口间距、交通管理措施等因素确定，宜为 30~70m。

（2）路口导向线

如图 2-21 所示，当平面交叉口范围较大、形状不规则或交通组织复杂，车辆寻找出口车道困难或交通流交织严重时，应设置路口导向线。路口导向线应采用虚线，线宽应为 15cm，线段及间隔长度均应为 2m。

路口导向线可分为左转导向线、右转导向线、直行导向线，设置应符合下列规定：

①平面交叉口相交角度小于 70°或左转车辆寻找出口车道困难，应设置左转导向线，如图 2-22 所示。

②直行车道进口道和出口车道错位，渐变率大于设计速度规定的交叉口渐变率，宜设置直行导向线，如图 2-23 所示。

③右转角度较大或右转车辆易与非机动车、路缘石发生冲突，宜设置右转导向线。

（3）停止线

有交通信号控制或停车让行标志的平面交叉口，进口道处必须设置停止线。

停止线应为白色实线，线宽可根据道路等级、交通量、行驶速度的不同选用 20cm、30cm 或 40cm。停止线的设置位置应符合下列规定：

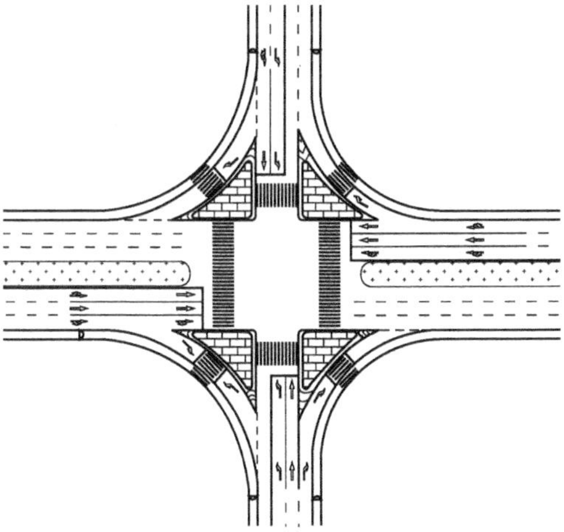

图 2-20　平面交叉口导向车道线

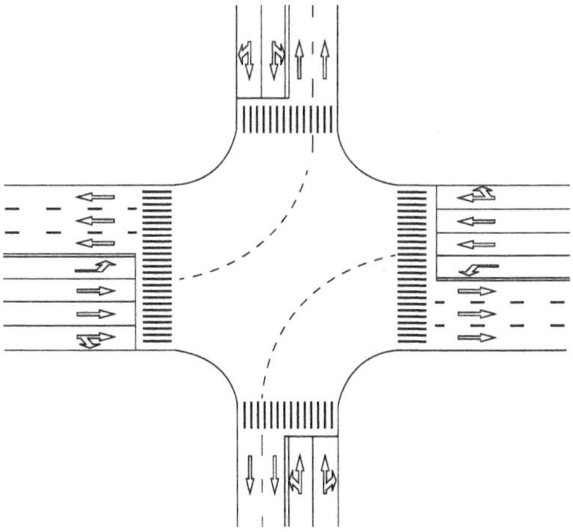

图 2-21　路口导向线

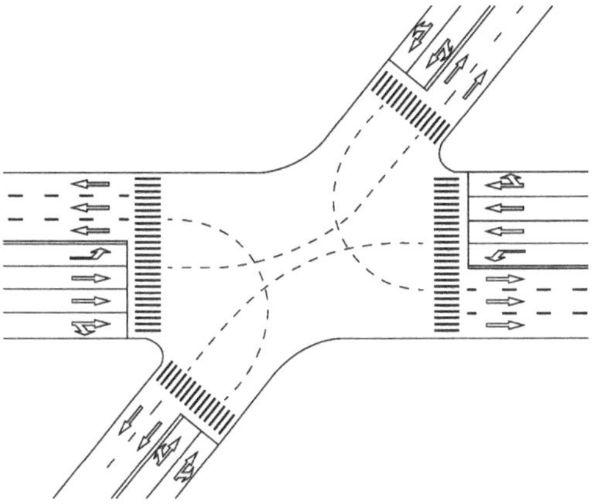

图 2-22　左转导向线

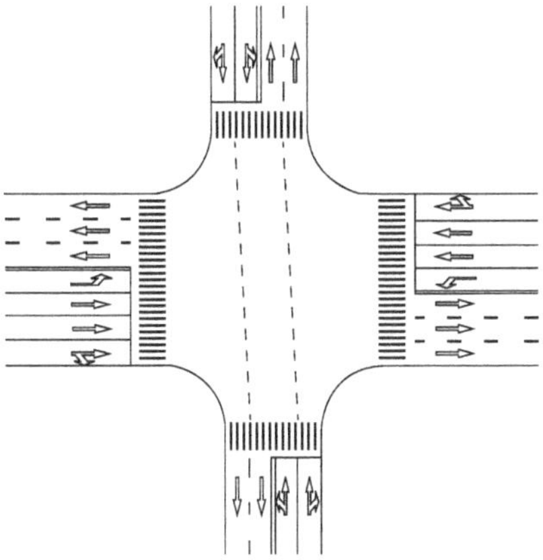

图 2-23　直行导向线

①应设置在有利于驾驶人观察路况的位置。

②当设有人行横道时，停止线应距人行横道线 1~3m，单向两条及以上车道的道路，停止线距人行横道线距离宜采用 3m。

③当无人行横道线，停止线宜设在距横向道路路缘延长线后 3~10m 处。

对双向行驶的交叉口，停止线应与对向车行道分界线连接；对单向行驶的交叉口，停止线应横跨整个路面；对仅机动车单向行驶的交叉口，停止线应横跨整个行车道。停止线宜垂直于车道中心线。

当停止线对横向道路左转机动车正常通行有影响时，可适当后移或部分车道的停止线适当后移，后移距离宜为 1~3m。

(4) 待行区线

如图 2-24 所示，交叉口范围较大且左转车辆较多，左转车辆在直行时段进入待转区等待左转，应设置左转弯待行区线。交叉口范围较大且直行车道及车辆较多，直行车辆在横向道路左转时进入待行区等待直行，应设置直行待行区线。

待行区线应由白色虚线、停止线和导向箭头三部分组成；白色虚线线宽应为 15cm，

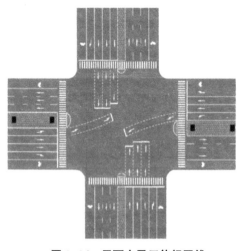

图 2-24 平面交叉口待行区线

线段及间隔长度均应为 0.5m；停止线线宽宜为 20cm 或 30cm；导向箭头长度应为 3m，宜在待行区起始位置及停止线前各施划一组，待行区较长时可重复设置，较短时可仅设置一组。

待行区内可同时施划箭头和文字，颜色均应为白色，文字字高应为 150cm，字宽应为 100cm，间距应为 50cm，文字应在待行区内居中布置。直行待行区应与可变电子信息牌配合使用。

待行区应设置于专用车道前端，伸入交叉口，在有条件的地点，可设置多条待行车道，但不得超过对应出口道车道数。

对设置左转弯待行区线的信号相位分配，应先放行本方向直行，后放行本方向左转。对设置直行待行区线的信号相位分配，应先放行横向道路左转，后放行本方向直行。

待行区线的设置不得相互交叉及影响其他方向车辆的正常行驶。

(5) 过渡区标线

如图 2-25 所示，当进口道横断面中线偏移时，应采用过渡区标线加以渠化。渠化长度 (l_d) 可按展宽条件下确定左右转车道的渐变段长度的方法确定，l_2 不应小于 2m。

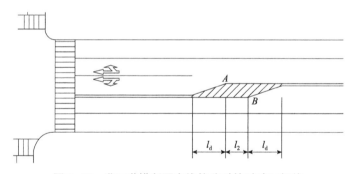

图 2-25 进口道横断面中线偏移时的过渡区标线

如图 2-26 所示，当进口道右侧展宽而左转车道直接从直行车道引出时，应采用鱼肚形标线加以渠化。渠化长度 l_{d1} 和 l_{d2} 可按展宽条件下确定左右转车道的渐变段长度的方法确定。

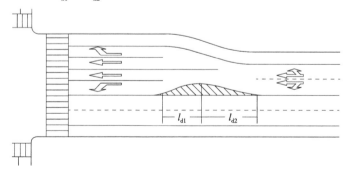

图 2-26 进口道的鱼肚形标线

(6)让行线

如图 2-27 所示，对于主路优先无信号控制交叉口，车辆在此处停车让行干路车辆先行时，应设置停车让行线，并与停车让行标志配合使用；车辆在此处减速确认安全后通行时，应设置减速让行线，并与减速让行标志配合使用。

对于无信号交叉口，停车让行线的设置应符合下列规定：

①支路与次干路以上等级相交，支路进口道应设置停车让行线。

②两条次干路相交，流量较少道路的进口道应设置停车让行线。

③两条支路相交，流量较少道路的进口道宜设置停车让行线。

如图 2-27(a)所示，停车让行线应由两条平行白色实线和白色"停"字组成，白色实线宽度应为 20cm，间距应为 20cm，"停"字宽应为 100cm，高应为 250cm，距离白色实线距离应为 2~2.5m。

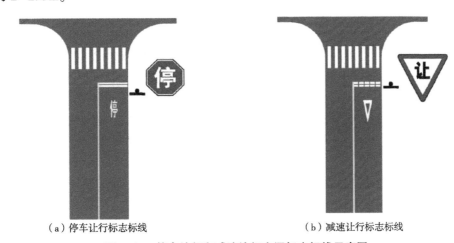

（a）停车让行标志标线　　　　　　（b）减速让行标志标线

图 2-27　停车让行和减速让行交通标志标线示意图

对于无信号交叉口，减速让行线的设置应符合下列规定：

①当主路交通无专用加速车道、加速车道长度不足或视距不足时，在入口前应设置减速让行线。

②对行人或非机动车横穿流量较大的区域，在机动车道上宜设置减速让行线。

如图 2-27(b)所示，减速让行线应由两条平行白色虚线和一个白色倒三角组成，虚线线段及间隔长度分别为 60cm 和 20cm，线宽应为 20cm，线间距应为 20cm；倒三角底宽应为 120cm，高应为 300cm，距离白色虚线应为 2~2.5m。底线宽 40cm 或 45cm，腰线宽应为 15cm。

让行线的设置位置应符合下列规定：

①应设置在有利于驾驶人观察路况的位置。

②当设有人行横道时，让行线应距人行横道线 1~3m。

③当无人行横道时，让行线宜设在距横向道路路缘延长线后 3~10m 处。

对双向行驶的交叉口，让行线的长度应与对向车行道分界线连接；对单向行驶的交叉口，让行线的长度应横跨整个路面；对仅机动车单向行驶的交叉口，让行线的长度应横跨整个车行道。

第四节 环形交叉口交通设计

环形交叉口是在交叉口中央设置一个中心岛,用环道组织交通的一种形式。其交通特点是进入交叉口的不同交通流只允许按照逆时针方向绕中心岛做单向行驶,以较低的速度合流并连续地进行交织行驶,直至出口分流驶出。

一、环形交叉口的组成、形式及适用条件

1. 环形交叉口的组成

图 2-28 展示了环形交叉口的组成。采用环形交叉口的目的是避免在交叉口产生周期性的阻滞,并消除交叉口上的冲突点,从而提高行车安全性并减小车辆在交叉口的延误。

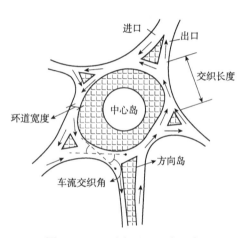

图 2-28 环形交叉口组成示意图

2. 环形交叉口的基本形式

根据交叉口占地面积、中心岛大小和交通组织等因素,环形交叉口可分为以下三种基本形式:

① 普通环形交叉口。中心岛直径大于 25m。
② 小型环形交叉口。中心岛直径为 4~25m。
③ 微型环形交叉口。中心岛直径小于 4m。

3. 环形交叉口的优缺点

主要优点:驶入交叉口的各种车辆,无论左、右转弯还是直行车辆,都无须停车,可同时连续不断地通行,节约时间;车辆在环道上行驶的车流方向一致,有利于渠化交通,且交叉行驶的车流以较小的交织角向同一方向行驶,消除了冲突点,可减少交通事故;交通组织简便,尤其对五条以上的道路交叉和畸形交叉口,更为有效。

主要缺点:占地面积大,对旧城改建较难实现;增加车流绕岛行驶距离,对左转弯车辆及直行车辆的行驶均不利。

4. 环形交叉口的适用条件

环形交叉口适用于多路交汇或转弯交通量较均衡的交叉口,相邻道路中心线间夹角宜大致相等。为控制扩建用地,作为过渡阶段的重要交叉口也可选用环形交叉口。

常规环形交叉口不宜用于城市干路交叉口;坡向交叉口的道路,总坡度大于或等于 3% 时,不宜采用环形交叉口。此外,具有大量非机动车交通和行人众多的交叉口,不宜采用环形交叉口,因为它不仅增加了大量非机动车和行人通过交叉口时的行程和时间,而且在环道的外侧和进、出口处将被大量的非机动车车流和人流所包围,使机动车进、出环岛时均会发生很大困难,从而影响车辆的连续通行,使通行能力下降甚至经常造成交通阻塞。

在桥头引道上,也不宜采用环形交叉,因为它使下坡的车辆走小半径的反向曲线,这对行车安全很不利。

二、中心岛设计

1. 中心岛形状

普通环形交叉口是在交叉口中央布置一个直径足够大的中心岛,保证车辆能按一定速度在环道上连续不断地行驶,并以交织方式进出环道。我国目前大多数环形交叉口属于这种形式。中心岛的形状,一般采用圆形;对主次道路相交的交叉口也可用椭圆形的中心岛,这时应使长轴沿主要道路方向布置。此外,根据地形、地物及相交道路的特点,也可采用规则或不规则几何形状的中心岛。

2. 中心岛半径

中心岛半径的计算,首先要考虑满足设计速度的需要,然后按相交道路的条数和宽度,验算进口之间的交织段长度是否符合车辆交织行驶的需要,最后加以确定。

(1) 按设计速度计算

因为绕岛行驶的车辆是在紧靠中心岛的车道宽度 b 的中间行驶,故实际采用的中心岛半径还应减去 $b/2$,即:

$$R_d = \frac{V^2}{127(\mu+i)} - \frac{b}{2} \tag{2-2}$$

式中：R_d——中心岛半径,m;

V——环道设计速度,km/h,按相交道路中最大设计速度的50%取值。

μ——横向力系数,$\mu=0.14\sim0.18$;

i——环道横坡,$i=1.5\%\sim2.0\%$;

b——内侧车道宽度(含车道加宽),可取5.5m(大型车)。

中心岛最小半径与相应的环道设计速度应符合表2-11的规定。

表2-11 环道设计速度与中心岛最小半径

环道设计速度(km/h)	20	25	30	35	40
中心岛最小半径(m)	20	25	35	50	65

(2) 按交织段长度的要求计算

因环形交叉口的交通量是以交织方式来完成车辆互换车道而进出交叉口的,所以,中心岛的尺寸,不但要适应设计速度所需要的转弯半径,还应满足相邻进口之间最小交织段长度的要求。

如图2-29所示,交织段长度 L 是指环形交叉口入口岛端部与相邻出口岛端部间的距离。交织长度主要取决于车辆在环道上的行驶速度。当两个进口之间有足够距离时,在该环道上行驶的车辆均可在合适的时机交织。

中心岛半径必须满足两个进口之间最小交织段长度的要求,否则,行驶中需要互相交织的车辆就

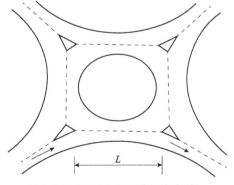

图2-29 环形交叉口交织段长度

要在环道上停车等让,不符合环形交叉口连续交通的基本原则。最小交织段长度不应小于以环道设计速度行驶4s的距离,行驶铰接车时,最小交织长度不应小于30m,不同车速所需的最小交织段长度应符合表2-12的规定。

表2-12 环道上不同车速所需的最小交织段长度

环道设计速度(km/h)	20	25	30	35	40
最小交织段长度(m)	25	30	35	40	45

按交织段长度所要求的中心岛半径 R_d,可近似地按交织段长度围成的圆周大小来计算,即:

$$R_d = \frac{360l}{2\pi\omega} \tag{2-3}$$

式中:l——最小交织段长度,m;

ω——相邻两条相交道路的交角,°。

由以上公式可知,当相交道路的条数越多(即 ω 越小),则要求中心岛的半径 R 就越大,这样将大幅度地增加交叉口的用地面积,也大大增加绕岛车辆的行程,这是很不经济合理的。因此,环形交叉口的相交道路不宜多于6条。

如按设计速度已确定中心岛半径 R,可按式(2-4)验算其交织段长度 l 是否符合要求。

$$l = \frac{2\pi\omega R_d}{360} \tag{2-4}$$

一般在设计四条道路交汇的环形交叉口时,所采用的中心岛半径都应按式(2-2)和式(2-3)计算,选取较大者。

我国大、中城市目前所采用的中心岛直径多数为40~60m,只有个别城市修建较早的中心岛采用了较大的直径,如长春市人民广场的环岛直径为220m。根据观测结果,在城市道路上选用环形交叉口,其中心岛直径以40~80m为宜。

【例2】某十字形环形交叉口,已知相交道路的设计速度均为60km/h,最内侧环道的宽度为5.5m,环道横坡为1.5%,试计算其中心岛半径(结果保留一位小数),要求同时满足设计速度与交织段长度的要求(横向力系数取0.15)。

解:按设计速度计算,根据题意可知,环道的设计速度 $V=60\times0.5=30$(km/h),横向力系数 $\mu=0.15$,环道横坡 $i=1.5\%$,最内侧环道的宽度 $b=5.5$m,则满足设计速度要求的中心岛半径为:

$$R = \frac{V^2}{127(\mu+i)} - \frac{b}{2} = \frac{30^2}{127\times(0.15+0.015)} - \frac{5.5}{2} = 40.2(\text{m})$$

按交织长度计算,根据题意可知,环道的设计速度 $V=60\times0.5=30$(km/h),最小交织段长度为35m,$\omega=90$,则满足交织段长度要求的中心岛半径为:

$$R = \frac{360l}{2\pi\omega} = \frac{360\times35}{2\pi\times90} = 22.3(\text{m})$$

综上,同时满足设计速度与交织段长度要求的中心岛半径取为40.2m。

三、环道设计

1. 环道进、出口的曲线半径

环道进、出口的曲线半径取决于环道的设计速度。为了使环道上的车速比较一致，对入环车辆的车速应加以限制。因此，环道进口的曲线半径应接近或小于中心岛半径。环道出口的曲线半径可较进口的曲线半径大些，以便车辆加快驶出，保持交叉口畅通，各相交道路的进口曲线半径不能相差太大，以免造成入环车速差别过大，影响环道的行车安全。

2. 环道的横断面

环道的横断面形状直接影响行车平稳和排水是否顺畅。通常横断面的路拱脊线是设在交织车道的中间，如图2-30所示。在进、出环道处，横坡度的变化应较缓和。中心岛的四周应设置雨水口，保证环道上积水的排出。在进、出口之间无交通的地方可设置三角形的方向岛。

3. 环道的外缘石

环道外缘石平面形式多做成反向曲线（图2-31），虽然比较美观，但从交通的观点来看是不合理的。实际观测证明，这种形状的环道外侧有20%的路面是从来无车行驶的。因此，环道的外缘石宜采用直线圆角形式，如图2-31中虚线所示。

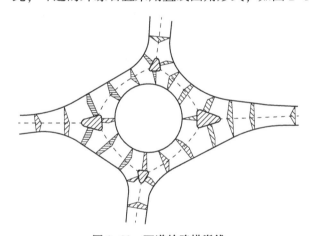

图2-30 环道的路拱脊线

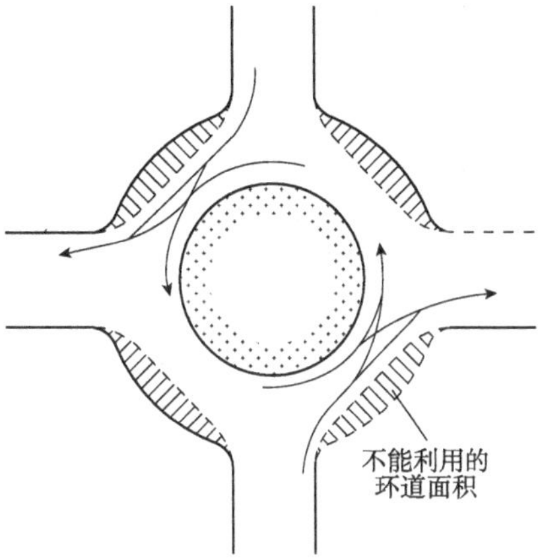

图2-31 环道的外缘石平面形式

4. 交织角

交织角是检验车辆在环道上交织行驶时安全情况的一个指标，它以右转弯车道的外缘1.5m的两条切线的交角来表示，如图2-32所示。交织角的大小取决于环道的宽度和交织段长度。交织角过大，行车易出事故，一般应限制在20°~40°。

5. 环道的宽度

环道的宽度取决于相交道路的交通量和

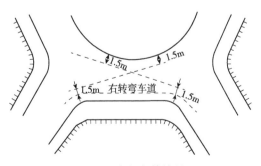

图2-32 交织角的绘制

交通组织。一般是将靠近中心岛的 1 条车道作绕行之用，靠最外面的车道提供右转弯，当中再加 1 条车道供交织用。根据观测，当环道车道数从 2 条增加到 3 条时，通行能力提高得最为显著；当车道数在 4 条及以上时，通行能力增加有限。因为车辆在绕岛行驶时需要交织，在一定的交织段长度范围内交织车辆必定按顺序行进，不可能同时出现两辆以上车辆交织，故不论车道数设计多少条，在交织段断面上只能算有 1 条车道能起作用。

因此，环道上不宜设计太多的车道，一般设计 3 条车道即可；如交织段长度较长，大于 60m 时，可考虑布置两条交织车道，环道共 4 条车道。如相交道路的车行道较窄，也可采用 2 条车道。

环道上的车道宽度必须按照弯道加宽值予以加宽。根据中心岛半径和车型，环道上每条车道的加宽值按表 2-13 确定。非机动车道所需宽度不应小于相交道路中的最大非机动车道宽度，也不宜大于 6m。

表 2-13　环道上车道加宽值　　　　　　　　　　　　　　　　　　　　　　m

中心岛半径		$10<R\leqslant15$	$15<R\leqslant20$	$20<R\leqslant30$	$30<R\leqslant40$	$40<R\leqslant50$	$50<R\leqslant60$
车型	小型车	0.80	0.70	0.60	0.50	0.40	0.40
	大型车	3.00	2.40	1.80	1.30	1.00	0.90

6. 非机动车道与人行道的布置

环道的车行道可根据交通流的情况，采用机动车与非机动车混行或分行布置。分行时可用分隔带、分隔物或标线分隔。分隔带宽度应大于或等于 1.0m。

中心岛上不应布置人行道。环道外侧人行道宽度，不宜小于交汇道路中的最大人行道宽度。环道上应满足绕行车辆的停车视距要求。

四、交通标志标线设计

环形交叉口通过设置环道使各向车流均按逆时针方向行驶，从而减少了交叉口的冲突点。当环道内交通流交织频繁时，应设置相应的标志标线，从而明确各条道路的行驶路权，使交通更加流畅。

对于环形交叉口的交通控制有一个明确的规定，即：所有从支路进入环道的车辆在遇到环内车辆时，必须让环内车辆先行。因此，环道的地面标线和标志设置必须完备，否则，在交通流量大时，环道反而会成为事故的多发点。

如图 2-33 所示，环形交叉口交通标志标线的设置方法如下：

①环形交叉口的各个入口须设置让行标线和标志，使进入交叉口的车辆让行环内的车辆。

②在正对路口的环岛上，设置环形交叉口标志。

③如在导流岛位置处设置人行横道，则需设置相应的人行横道标志与标线。

④如机非混合行驶，环内标线设置须明确通行权，环内应该设置 2 个车道环，外侧环的宽度不小于 4m，以便非机动车行驶。

⑤在距环形交叉口 30~150m 处设置指路标志。

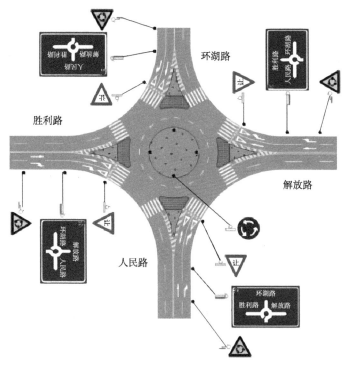

图 2-33　环形交叉口交通标志标线设计示例

第五节　畸形平面交叉口交通设计

城市道路在发展过程中，由于受用地、规划落实的时序、道路断面形式及交叉口视距等问题的限制，会形成一些畸形平面的交叉口。本节对典型的畸形平面交叉口的设计进行简要分析和优化，以便提高道路的交通效率和通行能力，保障道路交通安全。

一、X 形交叉口

在设计中，应尽量避免采用这种不安全的交叉口形式，对这类交叉口宜进行治理，原则上应使其交角尽量接近直角(75°以上)。

1. 用地条件允许情况下

对于 X 形交叉口，在用地条件允许的情况下，应将等级低的道路改为两个 T 形交叉口，然后对两个交叉口进行协调设计，如图 2-34 所示。

2. 用地条件有限情况下

在用地条件有限的情况下，应在 X 形交叉口内部进行渠化设计，明确行车路径，改善冲突位置不明确、视距不良等问题。如图 2-35 所示，X 形交叉口的设计与十字形交叉口基本相同，但应在锐角部分设置三角形导流岛，钝角部分在有条件的情况下设置导流岛。采用凸台式导流岛时，导流岛上应设置两侧通行标志。

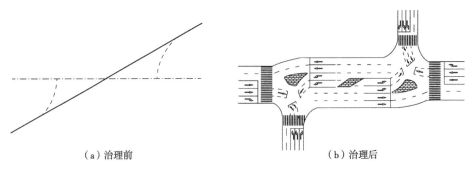

（a）治理前　　　　　　　　　　　　（b）治理后

图 2-34　用地条件允许情况下 X 形交叉口的治理示例

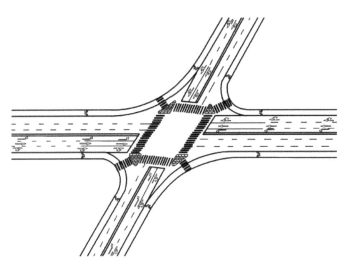

图 2-35　用地条件有限情况下 X 形交叉口的治理示例

二、Y 形交叉口

对于 Y 形交叉口，可通过调整交叉口车辆的交叉角度，使对向车流尽可能形成直角交叉，减小车辆产生冲突的面积。可在 Y 形交叉口锐角部分设置凸台式导流岛，并根据主支路情况设置停车让行或减速让行标志标线，如图 2-36～图 2-38 所示。

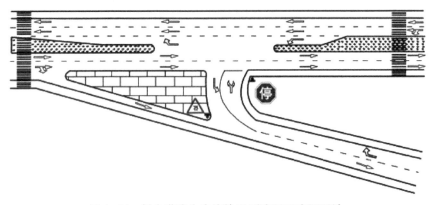

图 2-36　斜交道路为支线的 Y 形交叉口交通设计

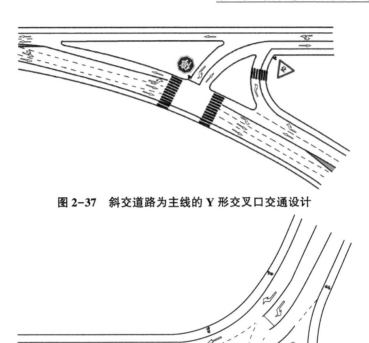

图 2-37　斜交道路为主线的 Y 形交叉口交通设计

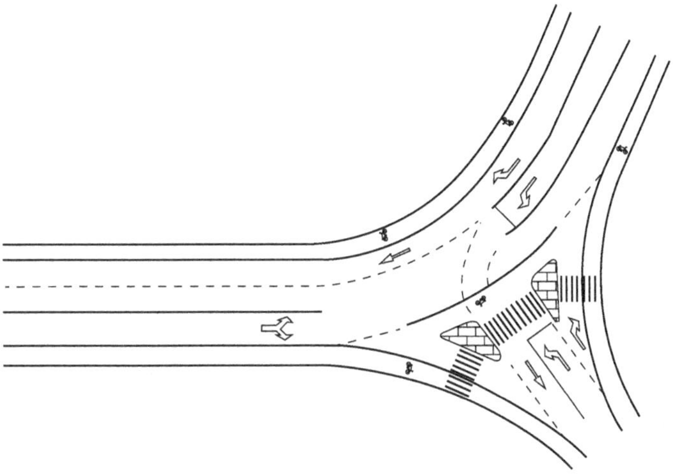

图 2-38　均为钝角相交的 Y 形交叉口交通设计

三、错位交叉口

错位交叉口是由两个或多个 T 形交叉口紧密相连而形成的特殊形式交叉口，一般间距在 150m 之内。此类交叉口由于间距过小，容易引起车流间的相互干扰，严重时易引发交通事故及交通阻塞，因此，应对此类交叉口进行相应的交通改善设计。

如图 2-39 所示，在用地条件允许的情况下，可通过改变错位交叉口的结构，将其改造成十字形交叉口。

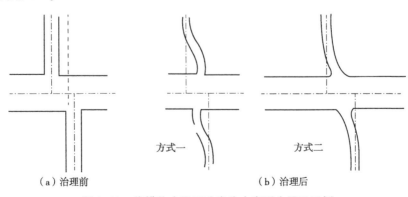

（a）治理前　　　　　　　　　　　（b）治理后
图 2-39　将错位交叉口改良为十字形交叉口示例

第六节 城市道路与铁路平面交叉口交通设计

城市道路与铁路平面交叉口设计应符合以下规定：

①城市道路与铁路平面交叉口不应设在铁路道岔处、站场范围内、铁路曲线路段及道路与铁路通视条件不符合行车安全要求的路段上。

②城市道路与铁路平面交叉口处道路与铁路宜为正交。斜交时，交叉角宜大于60°；特殊困难时，应大于45°。

③城市道路与铁路平面交叉时，道路线形宜为直线，直线段从最外侧钢轨算起应大于或等于30m。道路平面交叉口的缘石转弯曲线切点距最外侧钢轨外缘不应小于30m。无栏木设施的铁路道口，停止线位置距最外侧钢轨外缘不应小于5m。

④道口两侧应设置平台，自最外侧钢轨外缘到最近竖曲线切点间的道口平台不应小于16m，并应满足设计速度的要求；平台纵坡度应小于或等于0.5%，紧接道口平台两端的道路纵坡度不应大于表2-14规定的数值。

表2-14 紧接道口平台两端的道路纵坡度

道路类型	机动车与非机动车混行车道	机动车道
一般值	2.5%	3.0%
限制值	3.5%	5.0%

⑤道口铺面高程应等于轨面高程。道口处有两股或两股以上铁路线时，不宜有轨面高程差。困难条件下两线轨面高程差不应大于10cm；线间距大于5m的并肩道口中，相邻两线轨面高程形成的道路纵坡度不应大于2%。

⑥道口铺面宽度不应小于相交道路车行道和人行道宽度之和。困难条件下，人行道部分铺面宽度可按高峰小时行人流量确定，但每侧宽度不得小于1.5m。利用边沟排水的道路，道口宽度应与道路路基同宽。当道口宽度超过20m，不能采用标准栏木时，应与铁路有关部门协商处理；有困难时可局部变更道路横断面形式以增加栏木支撑点，但不得压缩各种车行道与人行道宽度，断面变更处两端应按规定设置过渡段。道口铺面沿道路方向的铺砌长度应延伸至最外侧钢轨外0.5~2.0m。

⑦如图2-40所示，无人看守或未设置自动信号的铁路道口视距三角形范围内严禁有任何妨碍机动车驾驶人视线的障碍物，机动车驾驶人要求的最小瞭望视距 S_c 应符合表2-15的规定。

表2-15 城市道路与铁路平交道口最小瞭望视距

铁路类别	国有铁路				工业企业铁路		
铁路设计最高行车速度(km/h)	140	120	100	80	70	55	40
机动车驾驶人最小瞭望视距 S_c(m)	470	400	340	270	240	190	140

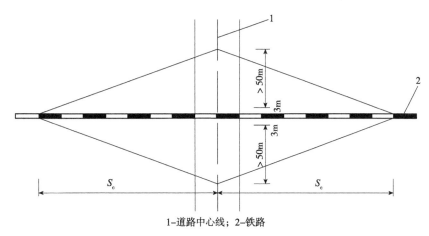

1-道路中心线；2-铁路

图 2-40　城市道路与铁路平交道口视距三角形

⑧城市道路与铁路平面交叉口均应满足现行国家标准《铁路路线设计规范》(TB 10098—2017)的要求。

⑨城市道路与铁路平面交叉口两侧的道路上应按道路交通管理有关规定设置交通标志、标线、防护设施和信号设备等。

⑩城市道路与铁路平面交叉口应有完整通畅的排水设施，并应使铁路、道路排水设施相配合，综合形成良好的排水系统。

第三章 城市道路立体交叉交通设计

利用跨线构造物使道路与道路或道路与铁路在不同标高处相互交叉的连接方式称为道路立体交叉。立体交叉可使各方向车流在不同标高的平面上行驶,从而消除或减少冲突点,提高道路通行能力,节约运行时间并减少燃料消耗。快速路与其他等级城市道路交叉应采用立体交叉形式;主干路与主干路交叉口的预测总交通量超过 12 000pcu/h 时,宜采用立体交叉形式。本章以互通式立体交叉为主,重点介绍互通式立体交叉的分类与选型、交通标志设计,同时也简要介绍城市道路与铁路立体交叉的设计要点。

第一节 立体交叉的分类与选型

一、立体交叉的基本类型

1. 分离式立体交叉

如图 3-1 所示,一条道路跨越另一条道路,两条道路之间不设置匝道、互不连接,相交道路的交通流之间不能转移过渡的立体交叉称为分离式立体交叉。这种立体交叉完全消除了交通冲突,占地较少、构造简单,但其交通功能受限。

2. 互通式立体交叉

如图 3-2 所示,互通式立体交叉通过匝道将相交道路连接起来,可以保证相交道路上车辆的转移运行。这类立体交叉占地多、造价较高,但其交通功能比较完善。

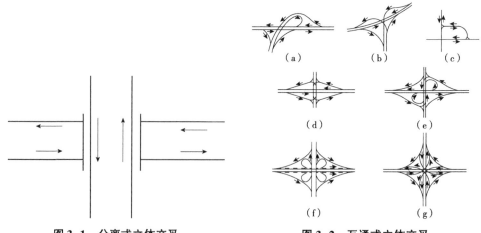

图 3-1 分离式立体交叉   图 3-2 互通式立体交叉

二、《城市道路交叉口设计规程》分类与选型

1. 城市道路立体交叉分类

城市道路立体交叉根据相交道路等级、直行及转向（主要是左转）车流行驶特征、非机动车对机动车的干扰等，分为立 A 类（枢纽立交）、立 B 类（一般立交）和立 C 类（分离式立交）三类，其各自的交通流行驶特征见表 3-1。

表 3-1　城市道路立体交叉类型及交通流行驶特征

立体交叉类型	直行车流行驶特征	转向车流行驶特征	非机动车及行人干扰情况
立 A 类	连续快速行驶	较少交织、无平面交叉	机非分行、无干扰
立 B 类	主路连续快速行驶，次路存在交织或平面交叉	部分转向交通存在交织或平面交叉	主路机非分行、无干扰；次路机非混行、有干扰
立 C 类	连续行驶	不提供转向功能	—

立 A 类立体交叉可进一步划分为：立 A1 类（全定向立体交叉）和立 A2 类（半定向、喇叭形、叶形、苜蓿叶形、组合式立体交叉）。立 B 类立体交叉的主要形式包括：部分苜蓿叶形、环形、菱形立体交叉。

2. 城市道路立体交叉选型

不同类型立体交叉的设置应根据交叉口在路网中的地位、作用、相交道路的等级，结合交通需求和控制条件确定，并应符合表 3-2 的规定。当城市道路与公路相交时，高速公路按快速路、一级公路按主干路、二级和三级公路按次干路、四级公路按支路，确定与公路相交的城市道路交叉口类型。

表 3-2　城市道路不同类型立体交叉选择

立体交叉类型	选型	
	推荐形式	可选形式
快速路—快速路	立 A1 类	—
快速路—主干路	立 B 类	立 A2 类、立 C 类
快速路—次干路	立 C 类	立 B 类
快速路—支路	—	立 C 类
主干路—主干路	—	立 B 类

第二节　立体交叉交通标志设计

一、入口指引标志

如图 3-3 所示，入口指引标志包括：入口预告标志，入口处地点、方向标志，入口标志。

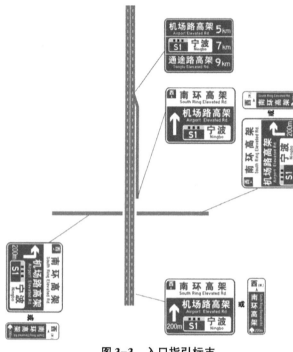

图 3-3 入口指引标志

1. 入口预告标志

应在快速路入口附近的干路、支路或交叉口处设置入口预告标志。入口预告标志应按预告距离由远及近，依次分为邻近路网交叉口预告、500m 和 200m 入口预告、连接线交叉口预告。邻近路网交叉口预告距离应根据行驶至快速路入口的实际距离确定。入口预告标志设置方法应符合下列要求：

①在快速路入口周边 2km 范围内的主干路或交通性次干路交叉口，且不少于 2 个主要交叉口处，应单独设置入口预告标志。

②在快速路周边 2~5km 范围内的主干路或交通性次干路交叉口，宜结合干路和支路上的指路标志设置入口预告标志。

③在快速路周边 5~10km 范围内的主干路，可根据路网交通特点、管理需要设置入口预告标志。

④在距离快速路入口连接线交叉口 500m 处，应设置 500m 入口预告标志，在其 200m 处，宜设置 200m 入口预告标志。

⑤在快速路入口连接线交叉口停车线前 30~80m 适当位置，应设置入口预告标志。

2. 入口处地点、方向标志

当快速路入口至快速路主路合流之前有多级分流时，应在分流位置设置地点、方向标志，分别指示快速路的两个行驶方向。

入口处地点、方向标志应设置在入口连接线匝道多级分流的分岔点端部，其版面内容应与入口预告标志中的目的地名称信息、地理方向信息相对应。

3. 入口标志

如图 3-4 所示，在快速路入口，需告知前方快速路道路名称信息时，应设置入口标志。入口标志宜采用门架支撑结构形式，并应结合经过合理选取的快速路交通管理信息，一并设置与快速路入口端部。入口标志版面内容应与入口预告标志中所传达的信息一致。条件允许时，宜增加目的地名称信息与地理方向信息。

（a）指示方向的入口标志　　（b）指示车道的入口标志

图 3-4 入口标志

二、行车确认标志

行车确认标志包括：地点距离标志、路名标志等。

1. 地点距离标志

如图 3-5 所示，当需在快速路上提供车辆在当前路网或行驶道路中相对位置信息，并预告快速路前方所要经过的重要出口、立交、地点的名称和距离时，应设置地点距离标志。

地点距离标志宜设置于互通式立体交叉加速车道渐变段终点以后 1km 以上路段的合适位置处。两互通式立体交叉之间设置地点距离标志时，应符合下列要求：

①当互通式立体交叉间距小于或等于 2km 时，可设置地点距离标志。

②当互通式立体交叉间距大于 2km 且小于或等于 10km 时，应设置地点距离标志。

③当互通式立体交叉间距大于 10km 时，可重复设置地点距离标志。

地点距离标志的信息应与入口指引标志、出口指引标志信息配套，重复设置的地点距离标志信息应一致。地点距离标志宜设置三行地点距离信息，如图 3-5 所示，地点信息由近及远按自上而下的顺序排列，应符合下列要求：

①第一行的地点为近目的地，应选用经由下游第一个互通式立体交叉（或出口）可到达的目的地信息；当出口间距较小，地点距离标志与下一出口预告标志并设于同一杆件时，宜选择在下游第二个出口作为第一行近目的地。

②第三行的地点为远目的地，应在一定距离内保持相对固定，宜选择绕城环线、快速路终点、重要立交节点等信息作为远目的地，当接近该目的地时，再按照类似原则选取下一个信息作为新的远程目的地。

③第二行的地点为中间远目的地，宜选择第一行与第三行之间的最近的其他信息。

④若指引信息少于 2 行时，宜更换成出口预告标志的表述方式。

地点距离标志中的目的地信息应选用重要地名、交通枢纽信息、国家级旅游景区、重要公共设施等地点名称。

2. 路名标志

如图 3-6 所示，当快速路主路上需提示、确认当前行驶的快速路名称并做行车确认时，宜设置路名标志。

图 3-5　地点距离标志

图 3-6　路名标志

路名标志应设置在快速路互通式立体交叉加速车道的渐变段终点，当两个互通式立体交叉间距大于 5km 时，路面标志可在主线适当距离加密设置。路面标志宜采用单柱式结构形式，可结合地理方向标志、限速标志或辅助标志一并设置。

三、出口指引标志

出口指引标志包括：出口预告标志，下一出口预告标志，出口标志，出口地点、方向标志。

1. 出口预告标志

在快速路上需对下游出口名称、方向、距离进行预告，使驾驶人提前判别前方出口，安全、顺利地完成驾驶行为。快速路出口预告标志应至少进行4级预告，即在距离快速路减速车道的渐变段2km、1km、500m和0m处，应分别设置2km、1km、500m、0m出口预告标志。

当互通式立体交叉出口间距大于或等于3km时，宜增设3km快速路出口预告标志；当出口间距小于2km时，快速路出口预告标志的设置方法应符合下列规定：

①对于互通式立体交叉、曲线匝道等情况较为复杂的出口，宜在500m或1km的快速路出口预告标志位置处设置图形指路标志。图形指路标志也可采用可变信息标志形式，发布下游匝道、路段的实时交通信息。

图3-7 简易出口预告标志版面

②如图3-7所示，简易互通立体交叉的出口预告标志所预告的出口名称，可有效简化标志版面，宜选择出口主要服务的地区、地点信息或第一条主次干路路名等单一信息，便于理解、记忆，提高驾驶人判别速度。

③当遇到枢纽互通立体交叉，进入出口匝道后仍需二次分流时，出口名称宜选择二行信息。第一行信息为出口所连接道路的名称信息，第二行信息为出口后可到达的邻近1~2个地点、道路名称信息。此时，0m出口预告标志有两种设置方式，图3-8(a)向驾驶人传达前方分岔点不同方向的出口位置，并不提前规范车辆行驶车道；图3-8(b)则在标志位置处已将车道功能进行明确。因此，若选择后者设置方式，应先对匝道分岔点两侧出口流量进行预测，分析提前划分车道的合理性，避免交通流量不均衡的出口匝道发生拥堵。

（a）出口地点、方向标志作出口标志　　　　　　（b）专用车道标志作出口标志

图3-8 需二次分流的出口预告标志版面

④对三车道及以上道路的立体交叉出口、左出出口、需多次连续分流的出口等复杂出口，出口预告标志下方宜考虑补充出口位置及出口车道信息。如图3-9所示，所增加的出口车道及位置信息，底色应为黄色或荧光黄色，文字、箭头为黑色。

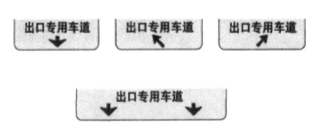

图3-9 出口标志下方可增加出口位置或出口车道信息

2. 下一出口预告标志

在快速路主线上，需向驾驶人提供快速路下游出口的名称、方向、距离等相关信息时，应设置下一出口预告标志。

下一出口预告标志应采用双悬臂式或门架式支撑结构，结合当前出口标志，将下一出口预告标志与当前出口标志分别悬挂于出口分岔点两侧，供驾驶人将当前出口信息与下一出口相关信息进行比对判别，同时也可作为下一出口的第一级预告。

在互通式立体交叉间距大于或等于 3km 且小于 5km 时，可在加速车道渐变段终点 1km 以上、容易被驾驶人识别辨认的适当位置重复设置下一出口预告标志。

3. 出口标志

当需告知快速路出口起点，或划分快速路主路与出口匝道范围时，应设置出口标志。出口标志应设置在快速路出口分岔点端部，并宜结合下一出口预告标志一并设置。当符合下列情况时，出口标志宜采用门架形式，设置于出口端部导流线起点的上方：①主路车道数大于或等于 4 条的立体交叉出口；②主路分流口；③端部导流标线长度大于 50m 的出口。

如图 3-10 所示，当主线车道多且道路较宽或端部导流标线过长时，出口标志仍设置在快速路出口分岔点端部不利于驾驶人提前识别与反应，故此条件下出口标志宜采用门架式，并设置于出口端部导流标线起点的上方。

出口标志指示内容应与出口预告标志中所传达的信息连续、一致，版面布设可与出口减速车道渐变段终点出口预告标志一致。

4. 出口地点、方向标志

对于大型互通式立体交叉，出口匝道需二级分流的情况，可采用出口地点、方向标志或

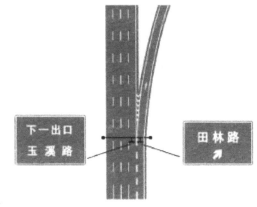

图 3-10 出口标志采用门架形式的设置

专用车道标志代替出口标志，用以预告或指示出口匝道二级分流的两个行驶方向的相关信息。出口地点、方向标志或专用车道标志信息，应与出口预告标志信息对应。

出口地点、方向标志应设置在出口匝道二级分岔点端部上方，宜采用双悬臂式支撑结构。当出口匝道车道数大于或等于 2 条，且出口匝道二级分岔点与主路出口匝道分岔点之间间距小于 160m 或视线较差时，应采用出口地点、方向标志或专用车道标志替代出口标志。如有必要，出口地点、方向标志和专用车道标志可在两分岔点之间增设一组。

第三节 城市道路与铁路立体交叉设计

一、设置条件

城市道路与铁路立体交叉的设置应符合下列条件：

①城市快速路与铁路交叉、铁路路段旅客列车行车速度超过 120km/h 的铁路与各级城

市道路交叉，必须设置立体交叉。

②行驶无轨电车或轨道交通的道路与铁路交叉，应设置立体交叉。

③当铁路道口的年平均日折算小客车交通量与铁路通过火车列数的乘积达到表3-3规定标准时，应设置立体交叉。

表3-3 设置立体交叉的铁路道口折算交通量　　　　　　　万辆次

道口侧向净距	铁路路段旅客列车设计行车速度(km/h)		
	120	100	≤80
良好	6.0	12.0	16.0
不良	3.0	6.0	8.0

④地形条件不利，采用平面交叉危及行车安全时，可设置立体交叉。

⑤道路与铁路交叉，机动车交通量不大但非机动车交通量和行人流量较大时，可设置人行立体交叉或非机动车与行人合用的立体交叉。

二、交叉形式

道路与铁路立体交叉的位置与形式应根据城市总体规划的要求，并根据道路与铁路的等级性质、交通量、交通组成、地形、地下设施、铁路行车瞭望条件、地质、水文、环境要求、城市景观、施工管理等因素综合比较确定。

立体交叉的形式主要有道路上跨或下穿两种。根据具体情况也可采用机动车上跨铁路、非机动车下穿铁路相结合的立体交叉形式。

三、线形设计

1. 平纵线形

道路与铁路立体交叉的道路引道范围内不应设置平面交叉口，引道以外设置平面交叉口时，应设有不小于50m长的平面交叉口缓坡段，其坡度不宜大于2%。

2. 横断面

道路与铁路立体交叉处，道路车行道宽度不应减窄，人行道宽度可根据行人流量计算确定，但每侧人行道宽度不应小于1.5m(当汽车专用道路与铁路立体交叉时，可不设置人行道)。立交桥引道或地道引道衔接部分应设置过渡段。

第四章　城市道路路段交通设计

城市道路路段交通设计应根据城市总体规划、城市综合交通规划、交通专项规划，合理确定道路等级、设计速度，并进行横断面设计、出入口布设、交通标志标线设计及交通组织设计等。本章将同时对区域交通组织设计、交通组织专项设计进行简要介绍。

第一节　城市道路路段总体设计

一、一般规定

快速路、主干路、大桥和特大桥、隧道、交通枢纽应进行总体设计，其他道路可根据相关因素、重要程度进行总体设计。总体设计应贯穿于道路设计的各个阶段，应系统、全面地协调道路工程项目外部与内部之间的关系，确定本项目及其各分项的技术标准、建设规模、主要技术指标和设计方案，并符合安全、环保、可持续发展的总体目标。

总体设计应包括下列内容：
①制定设计原则。
②明确道路形式、功能定位、服务对象。
③确定技术标准、建设规模、主要技术指标。
④确定工程范围、总体方案和道路用地，并协调与相邻工程的衔接。
⑤提出交通组织设计方案。
⑥落实节能环保、风险控制措施。

二、总体设计要点

城市道路总体设计要点如下：
①路线走向应符合城市路网总体规划，确定工程起终点位置时，应有利于相邻工程及后续项目的衔接。
②设计速度应根据道路等级、功能定位和交通特性，并结合沿线地形、地质与自然条件等因素，经论证确定；当不同设计速度的路段衔接时，路段前后的线形技术指标应协调。
③快速路、主干路应根据预测交通量进行通行能力和服务水平评价，并结合定性分析确定机动车车道数；非机动车车道数、人行道宽度也可根据预测交通量和使用要求，按通行能力论证确定。

④横断面布置应根据道路等级、红线宽度、交通组织和建设条件等，划分机动车道、非机动车道、人行道、分车带、设施带、绿化带，并确定相应的宽度，同时应满足地下管线综合布置要求；特殊断面还应包括停车带、港湾式停靠站、路肩和排水沟。

⑤人行过街设施应根据道路等级、横断面形式、机动车交通量、行人过街流量和流线确定，可分别采用人行横道、人行天桥或人行地道的形式，并应提出设置行人过街设施的规模及配套要求。

⑥公共交通设施应结合公交线网规划设计，提出公交专用道、公交站点的布置形式。

⑦道路设计应分别对路段、出入口提出机动车、非机动车、行人及客车、公交车、货车的交通组织设计方案。

⑧分期修建的道路工程，应按远期规划的技术标准进行总体设计，并应制定分期修建的设计方案，应近、远期工程相结合。

第二节　城市快速路基本路段设计

城市快速路是指在城市内修建的、中央分隔、全部控制出入、控制出入口间距及形式，具有单向双车道或以上的多车道，并设有配套交通安全与管理措施的城市道路。城市快速路基本路段是指快速路车行道不受出入口合流、分流、交织车流影响的路段。

一、基本规定

《城市快速路设计规程》(CJJ 129—2009)给出的城市快速路设计基本规定如下：

①快速路设计应与城市其他道路合理分配交通，达到路网最佳效应。

②快速路设计速度宜采用60km/h、80km/h、100km/h，辅路设计速度宜为30~40km/h，路段改变设计速度时应设置过渡段。

③按城市道路红线宽度及交通量，快速路车行道宜分为双向四车道、六车道、八车道。车行道宽度按设计速度及车型宜分为3.50m、3.75m。

④快速路的交通管理设施及服务设施应与道路配套设计，保证交通正常通行。

⑤快速路设计应重点做好出入口位置、间距、形式的综合设计，达到系统通行能力的均衡。

⑥快速路车行道下不得布设纵向地下管线设施，横穿快速路的地下管线设施应将检查井设置在车行道路面以外。

⑦快速路设计应与道路绿化、排水、照明设计协调统一，与城市景观、环境统一，做好整体设计。

⑧快速路必须设置人行天桥或地下通道。

⑨快速路公交停靠站及加油站宜设置在辅路上；当需设置在主路上时，应设置在与主路分离的停靠区内，停靠区出入口应满足快速路出入口最小间距的规定。

⑩快速路通过互通式立体交叉应设置集散车道，当出入口间距满足最小间距规定时，可不设置集散车道。

二、横断面设计

1. 一般规定

《城市快速路设计规程》(CJJ 129—2009)给出的城市快速路横断面设计一般规定如下：

①城市快速路横断面设计应符合城市道路规划，横断面布置应按地面快速路、高架快速路、堑式快速路分别布设。

②城市快速路横断面可分为整体式和分离式，整体式横断面可采用中央分隔带将上下行车辆分隔单向行驶，分离式横断面上下行车辆可在不同位置单向行驶。

③城市快速路横断面可分为主路横断面和辅路横断面，主路供机动车行驶，双向车流必须设置中央分隔带分向行驶；辅路可供慢速机动车、非机动车及行人通行。主辅路间必须设置隔离栅、两侧带，并控制开口。

2. 横断面布置

城市快速路横断面布置首先应根据交通量发展所需的车道数布置主路，并根据行车安全要求在主路双向车行道间设置中间带，在主、辅路之间设置两侧带，主、辅路的布置应根据本地段的地形、地物条件综合选择，多为组合式。

(1) 地面整体式横断面

地面整体式横断面分为城区型和郊区型两类。

城区型横断面布置如图 4-1 所示，适用于地势平坦的城区，快速路主路宜布置在中间，辅路宜布置在两侧(车辆单向行驶)或布置在单侧(车辆双向行驶)，这是我国城市快速路普遍采用的断面。

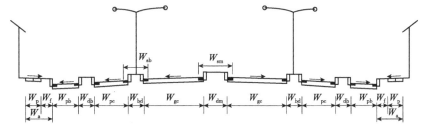

图 4-1　地面整体式横断面(城区型)

郊区快速路横断面主辅路可在同一平面，也可根据地形布置在不同平面，辅路可单侧或双侧布置，如图 4-2 所示。

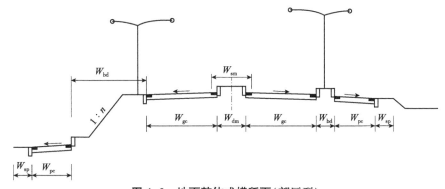

图 4-2　地面整体式横断面(郊区型)

（2）高架式快速路横断面

高架式快速路按道路用地和交通运行特征可分别选用整体式高架路（上下行在同一平面运行）和分离式横断面（上下行在不同平面）。高架式断面一般在大城市或特大城市，规划快速路位于建筑密集区，拆迁难度大，道路红线宽度受到限制，为充分利用道路空间而采用，与所有横向交通均构成立交形式，不影响各向车辆从桥下路口顺利通过，如图4-3~图4-7所示。

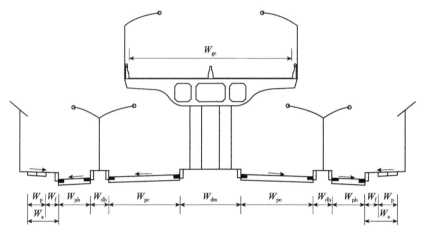

图4-3 整体式高架道路无匝道路段横断面

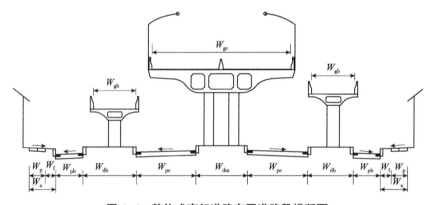

图4-4 整体式高架道路有匝道路段横断面

采用高架式断面时应处理好与路网的关系，与周围环境协调并满足各类净空要求。由于此类断面主路均为高架桥结构，造价较高，必须经过技术经济综合比较后方可采用。此外，高架桥断面应注意桥外侧与建筑物应保持一定净距。

（3）路堑式快速路横断面

路堑式快速路主路应设置在地面以下双向行驶，辅路（地面道路）应设置在主路两侧单向行驶或一侧双向行驶，如图4-8所示。

图4-1~图4-8中的符号含义如下：

W_{gc}——含路缘带的快速机动车道宽度，m；

W_{pc}——含路缘带的机动车道或机非混行车道宽度，m；

W_{gb}——含路缘带的匝道机动车道宽度，m；

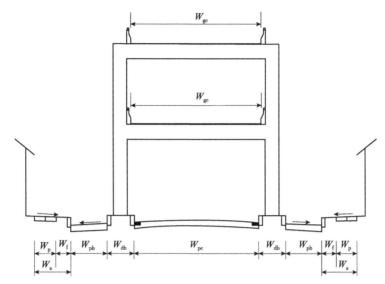

图 4-5　分离式高架道路无匝道路段横断面

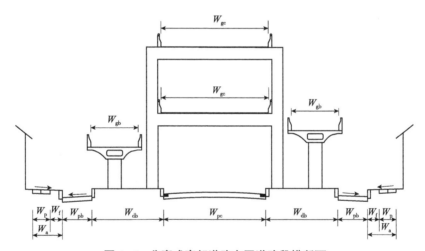

图 4-6　分离式高架道路有匝道路段横断面

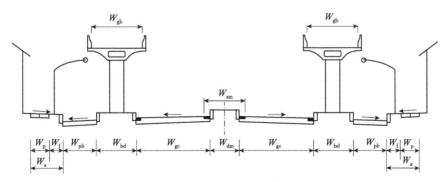

图 4-7　分离式高架道路横断面

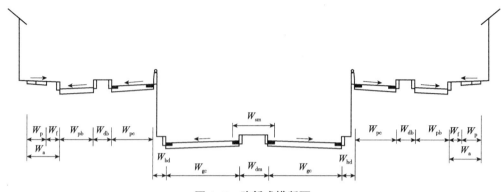

图 4-8 路堑式横断面

W_{pb}——非机动车道路面宽度,含路缘带宽度,m;

W_{dm}——中间分隔带宽度,m;

W_{sm}——中间分车带宽度,含路缘带宽度,m;

W_{db}、W_{bd}——两侧分隔带宽度,m;

W_{sb}——两侧分车带宽度,含路缘带宽度,m;

W_{a}——路侧带宽度,含人行道、设施带、绿化带宽度,m;

W_{p}——人行道宽度,m;

W_{f}——设施带宽度,m;

W_{sp}——保护性路肩宽度,m。

3. 车行道设计

(1) 设计车道数与宽度

车行道可分为主路车行道与辅路车行道,并应符合下列规定:

①主路路段车行道按交通量可分为单向双车道、三车道、四车道。

②快速路车行道宽度可按设计速度及设计车型划分,车行道宽度应符合表4-1 的规定。

表 4-1 快速路一条机动车道宽度

级别	设计速度(km/h)	车道宽度(m)	
		大型客货、车或混行车	小汽车
主路	100、80、60	3.75	3.50
辅路	40、30	3.50	3.50、3.25

(2) 应急车道

目前我国已建成的快速路中,从单向双车道与三车道的使用效果看,单向双车道快速路未设置应急车道的,受车辆故障影响较大,易造成交通堵塞;而单向三车道快速路此现象不太严重,这说明在交通量不太大时,其最外侧车道可临时起应急停车带的作用。

因此,当快速路单向机动车道数小于 3 条时,应设不小于 3.0m 的应急车道;当连续设置有困难时,应设置应急停车港湾,间距不应大于 500m,宽度不应小于 3.0m。

应急车道的作用不仅仅是停车,交通拥堵时也可作为交管、消防、救护等特殊车辆通行的车道。

(3)辅路

快速路辅路的设置应符合下列规定：

①辅路在地面快速路中应设置于主路两侧或单侧，在高架路时应设置于高架路下地面层，在城区宜连续设置；位于郊区的快速路辅路，可连续设置或间断设置。

②设于主路两侧的辅路应采用单向交通，设于主路单侧的辅路可采用双向交通。

③高架路与地面道路应通过上、下匝道联系。

④地面快速路辅路的横断面布置，机动车与非机动车道应采用物体分隔或划线分隔。单向机动车与非机动车物体分隔时，机动车道宽度不应小于7.5m；单向机动车与非机动车划线分隔时，辅路的宽度不应小于8.5m；当机动车、非机动车交通量均较大时，辅路的宽度可采用12~13m。

(4)分车带

快速路的上、下行快速机动车道之间必须设置中间带分隔。中间带应由中央分隔带及两侧路缘带组成。中间带的作用是分隔交通，确保行车安全，安设防眩设施、夜间照明反光设施、交通标志及公用设施与绿化等。

快速路的中间带设计应符合下列规定：

①中间带宽度宜为3.0m，即中央分隔带为2.0m，两侧路缘带各为0.5m。

②城区快速路用地条件受限制时，中间带可适当缩窄；对向车流必须采用混凝土分隔墩或中央分隔护栏分隔，两侧应各设0.5m宽路缘带。

③中央分隔带两侧应埋设路缘石，外露高度不应小于180mm。

地面快速路的两侧带应为主路与辅路的分界线，由分隔带与左、右路缘带组成。分隔带宽度不应小于1.5m，可根据用地条件增加宽度以作为绿化隔离设施；临主路侧路缘带应为0.5m，临辅路侧路缘带应为0.25m。

位于市区人流密集处的两侧带，应在辅路侧设置隔离栅。

(5)路肩和路面横坡

①路肩。快速路位于郊区时，一般采用郊区型横断面。郊区型地面快速路横断面，宜在机动车道外侧设置硬路肩和土路肩。此时硬路肩可作为快速路临时停车用，宽度不应小于2.50m；而土路肩仅为确保硬路肩结构稳定及作为养护工养护时通道而设，所以按一条人行道宽0.75m设置。

②路面横坡。目前随着我国沥青混凝土路面机械摊铺水平的提高，抛物线形、折线形等路拱形式已被直线形代替，快速路主、辅路路面横坡应采用单面直线坡。路面横坡度根据地形条件及路面面层类型可选用坡度1.5%~2%，考虑快速路车速较高，应采用较大横坡（即2%）以利于排水，避免高速行车时雨水外溅成雾状影响驾驶人视线，或水膜使汽车滑移；但在高架桥上为减少桥面自重，尤其宽桥处横坡往往减小到1.5%。两侧人行道可为1%~2%的单面直线坡度。

郊区型断面两侧土路肩、硬路肩的横坡度可比路面大1%，但位于路缘带部分的硬路肩横坡度应与路面相同。

(6)侧石与缘石

地面整体式横断面在中央分隔带、两侧分隔带两侧及辅路的人行道侧均应埋设侧石

（或侧平石），侧石顶应高出路面 150~200mm；隧道线形弯曲或地形陡峻段侧石可高出路面 250~400mm，埋设深度应保证稳定。

郊区型断面路边设硬路肩与土路肩时，应在路面与路肩之间埋设混凝土缘石。

三、主辅路出入口设计

1. 一般规定

快速路主辅路出入口的位置、间距及形式，应满足主线车流稳定、分合流交通安全迅速的要求。主辅路出入口连接的两条道路，在快速路主路上必须设置变速车道；相接道路宜增设 1 条车道，保证快速路进出通畅，如图 4-9 所示。

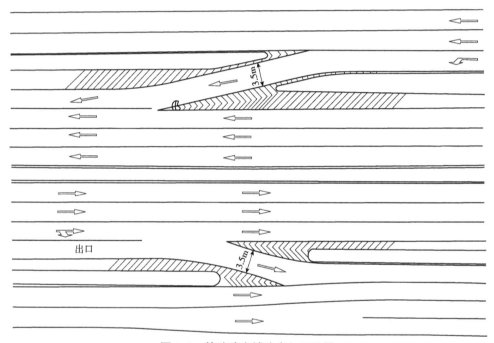

图 4-9 快速路主辅路出入口设置

出入口设置应满足下列要求：

①出入口应设置在主线车行道的右侧。
②出口附近的平曲线、竖曲线应采用较大的半径。
③出口端部宜设置在跨线桥等构筑物之前。
④出入口宜设置在平缓路段，设置出入口处纵坡坡度不应大于2%。
⑤出入口应保证一定的通视区域。
⑥出入口应采用缘石等设施与其他道路区别。
⑦出入口形式应明确，其几何设计应能防止车辆逆行。

2. 出入口间距

出入口间距过近，交织段短，进出的交通量大会形成拥堵，即出入口间距过近是形成交通拥堵的重要原因之一。出入口间距应能保证主线交通不受分合流交通的干扰，并应为分合流交通加减速及转换车道提供安全、可靠的条件。

出入口间距根据出入口的布置位置分为四种情况：出—出、出—入、入—入、入—出，如图4-10所示。

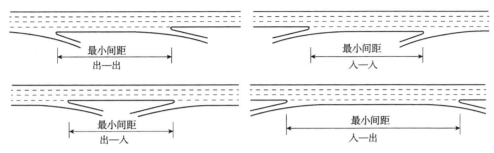

图4-10 出入口类型

快速路路段上不同类型出入口的间距（相邻两个出入口端部之间的距离），应大于表4-2规定的值。

表4-2 出入口最小间距　　　　　　　　　　　　　　　　　　　　　　　　m

主线设计速度 (km/h)	出入口形式			
	L	L	L	L
100	760	260	760	1270
80	610	210	610	1020
60	460	160	460	760

3. 变速车道

（1）变速车道类型

快速路出口均应设置变速车道，变速车道宜设1条车道，宽度应与直行方向主路车道宽度相同。变速车道可分为直接式与平行式，如图4-11所示。

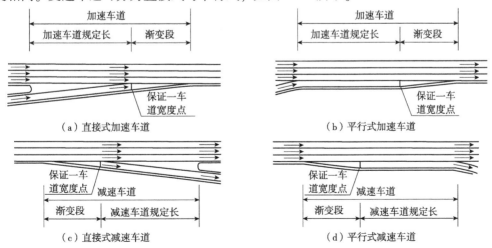

图4-11 变速车道类型

(2) 变速车道横断面

变速车道宜另设车道，其宽度应由车行道、左侧路缘带、右侧路缘带组成，左侧路缘带应兼作主线的右侧路缘带，如图4-12所示。车行道宽度可与直行方向干道的车道宽度相同或采用3.5m。

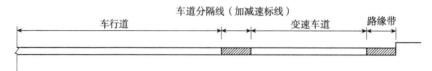

图 4-12 变速车道横断面组成

(3) 变速车道长度

变速车道长度应为加速或减速车道长度与渐变段长度之和，变速车道长度与出口渐变率应符合表4-3的规定。

表 4-3 变速车道长度与出入口渐变率

主线设计速度(km/h)		100	80	60
减速车道长度(m)	单车道	90	80	70
	双车道	130	110	90
加速车道长度(m)	单车道	180	160	120
	双车道	260	220	160
渐变段长(m)		60	50	45
出口渐变率		1/25	1/20	1/15
入口渐变率		1/40	1/30	1/20

4. 集散车道

当快速路出入口间距不能满足表4-2规定时，应增设集散车道，与主路车行道之间应设置物体分隔。

集散车道的设计速度宜与匝道或辅路设计速度一致，集散车道应通过变速车道与直行车道相接。

5. 辅助车道

如图4-13所示，在分合流处车道数应按式(4-1)进行计算，以检验车道数的平衡，当不平衡时，应增设辅助车道。辅助车道长度在分流端应大于1000m，最小应为600m；在合流端应大于600m；辅助车道的宽度应与主线车道的宽度相同。

$$N_C \geq N_F + N_E - 1 \tag{4-1}$$

式中：N_C——分流前或合流后的主线车道数；

N_F——分流后或合流前的主线车道数；

N_E——主辅路连接道路的车道数。

图 4-13 车道数的平衡

6. 交通组织方法

与辅道相接的出入口在城市快速路中还是比较常见的,特别是对于交叉口用地紧张、无法修建互通立交时,选择靠近辅路交叉口或在路段中修建出入口,也可实现快速路主路与辅路及其他周边路网的交通流转换。一般而言,这类出入口设置在主要地面干道交叉口附近。

这类出入口相当于一个简易菱形立交的功能,它的优点是构造简单、占地少,特别适用于大城市主城区快速路沿线用地紧张、无法修建立交,而确实存在大量长距离交通在此转换的情况。但是这种衔接方案存在以下缺点:

①干道交叉口与出入口重叠,车流量大、流向复杂,交叉口管制困难,高峰时段排队受堵无法避免。

②出入口交织段车流复杂,既有辅道的直行、左转、右转和主路出口左转、右转、直行共六种方向车流,要在宽度(一般至多辅路三车道,出入口双车道)、长度(目前大多数出入口距离交叉口仅有不到100m的距离)均十分有限的交织段完成组合如此复杂的车流流向重新调整,其后果必然是车速下降,甚至严重时导致交叉口完全堵塞,交通事故隐患增加,甚至可能直接影响快速路主路车流运行通畅程度(尤其是在出口受阻时)。

为缓解以上矛盾,在设计或改造快速路的辅路出入口(或高架道路上下匝道)时,可考虑以下措施:

①根据转向流量大小比例设置出入口匝道位置。出口匝道的位置宜按出匝道车辆左、右转交通量的大小布置;左转交通量大时,宜布置在靠近平面交叉口进口道左转车道与直行车道之间的位置上;反之,则宜布置在靠近右转车道与直行车道之间的位置上。入口匝道的位置宜按照进入匝道车辆来自上游交叉口左、右转交通量的大小布置:来自左转的交通量大时,宜布置在靠近左转车来向与直行车来向之间的位置上;反之,则宜布置在右转车来向与直行车来向之间的位置上,如图4-14所示。

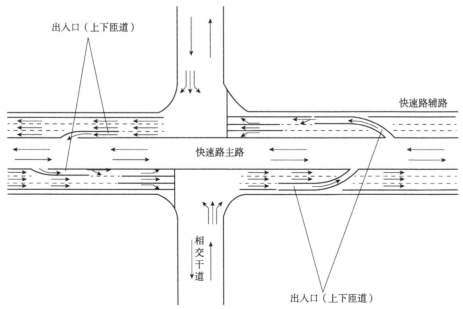

图4-14 出入口(上下匝道)设置位置

②设置远引左转。当出口匝道左转交通量较大,对下游交叉口通车影响较大且干道中央高架道路墩位中央带较宽时,可对匝道或交叉口进口道采取禁止左转、在交叉口下游做远引左转的管理措施;在墩位中央带侧必须有一条左转车道,左转车转弯的入口宜在对向进口道展宽段和展宽渐变段的范围以外,同时在交叉口进口道上游及出口匝道上须设有禁止左转标志及分车道悬挂的指路标志。利用墩位中央带做远引左转的布设如图4-15所示。

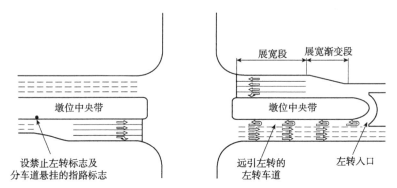

图4-15 利用墩位中央带做远引左转的布设

③出入口设置在交叉口范围之外。出口匝道的出口段离下游平面交叉口进口道展宽渐变段起点宜大于80m;这段距离不足80m且使匝道车流与干道车流换车道交织有困难时,可在交叉口进口道设置匝道延伸部分的展宽,并设置干路左转车道、直行车道和右转车道与匝道延伸部分的左转车道、直行车道和右转车道,但对此类进口道的信号相位必须采取双向左转专用相位。入口匝道的入口段宜布置在交叉口出口道展宽渐变段的下游,且最小距离不宜小于80m。

④不同转向的辅路车辆提前变更车道。当出口匝道的出口距下游平面交叉口进口道展宽渐变段距离严重不足时,可通过设置标志标线,提前将辅路上不同转向的车辆变更车道,进入各自转向车道,相当于将展宽段的白实线(车道功能划分线)延长至出口匝道后方,这样可减少地面车辆与匝道出口车辆之间的混合交织,即在出口匝道前方,只剩下出口匝道车辆变更车道和少量的辅路车辆变更车道,从而减少了对出口匝道的出口距离下游平面交叉口进口道展宽渐变段距离的长度要求。具体如图4-16所示。

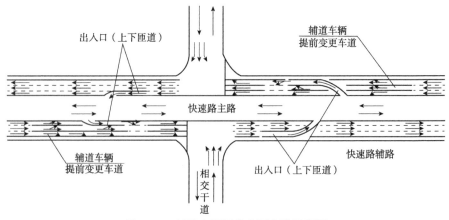

图4-16 辅路车辆提前变更车道示意图

⑤修建集散车道，利用交叉口周边道路实现车辆转向。当出入口流量较大，相交道路流量也较大，而周边路网发达时，可通过辅道修建集散车道，同时利用周边路网疏解相交道路及快速路出口的左转交通量。

四、交通安全与管理设施设计

1. 交通标志

快速路交通标志可分为主标志和辅助标志，主标志按功能可分为警告标志、禁令标志、指示标志、指路标志；辅助标志可附设在主标志下，对主标志做补充说明，辅助标志不应单独使用。交通标志内容应完整、简洁，不得出现标志内容相互矛盾、重复的现象。

（1）标志设置

交通标志应设置在车辆行进前方最容易看见的位置，宜设置在道路右侧、分隔带或车行道上方。交通标志的设置除要求避免矛盾、重复、漏设外，在选择交通标志时要考虑"柔和"，如禁令标志与指示标志能起同样作用的，应采用指示标志而不采用禁令标志。

当同一地点需设置2种以上标志时，可安装在同一根标志柱上，同一方向主标志不应超过4种。标志牌在同一根立柱上并设时，应按警告、禁令、指示的顺序，先上后下、先左后右地排列，解除禁令标志应单独设置。

（2）标志板安装

交通标志安装形式分为柱式、悬臂式、门架式和附着式，标志板安装应符合下列规定：

①标志板设置应面向来车方向，并减少标志板面的眩光。

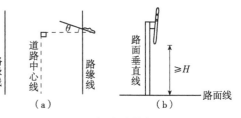

图4-17 标志安装角度

②如图4-17（a）所示，路侧标志应与横断面成一定角度θ，指路标志和警告标志与横断面的夹角θ宜为0°~10°，禁令标志和指示标志与横断面的夹角θ宜为0°~45°。

③当道路门架式标志的设置高度有特殊要求时，门架横梁应采用装配式。

④当道路上方装设标志时，应与道路中线垂直，与路面垂直线的角度宜为10°，如图4-17（b）所示。

（3）标志净空高度与安全距离

交通标志设置的净空高度和安全距离应符合下列要求：

①所有交通标志不得侵入道路建筑限界内。

②路侧单柱式和双柱式标志的下缘离地面的高度宜为200~250cm。

③所有标志的内缘应与车行道或路肩内边缘保持一定的安全距离，并应符合表4-4的规定。

表4-4 标志内缘与车行道或路肩内边缘的安全距离

行车速度（km/h）	≥80		<80
安全距离（cm）	中央分隔带	两侧分隔带	25
	50	25	

2. 交通标识

(1) 交通标识分类及设置规定

交通标识可分为标线、标记和诱导器等形式。标线形式宜分为纵向标线和横向标线；标记形式宜分为平面标记和立面标记；诱导器形式宜分为反光道钉、反光分道体、路边线轮廓标等。城市快速路应根据道路设计横断面、机动车道宽度、车道数，确定相应的标线、标记和视线诱导器。城市快速路交通标识设置应符合下列规定：

①应设车道分界线、车道边缘线。

②出入口前需变换车道的路段上，应设导向箭头，导向箭头应重复设置2次及以上。

③主线及匝道弯道处应设置路边线轮廓标，在快速路主线分合流处，可结合出入口标线设置反光道钉、反光分道体和防撞桶。

(2) 诱导器

诱导器宜设置在车行道两侧，与驾驶人视线的垂线夹角宜为7°，路边线轮廓标可与防撞护栏配合设置。诱导器在不同平曲线半径道路上的设计间距应符合表4-5的规定；诱导器在不同竖曲线半径道路上的设置间距应符合表4-6的规定。当平曲线与竖曲线重叠时，设置间距应取两者中较小者。

表4-5 平曲线上视线诱导器设置间距　　　　　　　　　　　　　　　　　　　m

半径	150	200	300	400	500	600	700	800	900	1000	1200
间距	10	11	14	16	18	20	21	23	24	26	28
半径	1300	1400	1500	1600	1700	1800	1900	2000	2300	2500	3000
间距	29	30	31	32	33	34	35	36	39	40	40

表4-6 竖曲线上视线诱导器设置间距　　　　　　　　　　　　　　　　　　　m

半径	150	200	300	400	500	800	1000	2000	3000	4000	5000	6000	7000
间距	5	9	10	11	12	16	17	24	29	33	37	40	40

3. 交通防护设施

防撞护栏的设置应根据设计速度、设置地点确定所需的防撞等级，并不得进入道路建筑限界以内。

符合下列情况之一者，快速路必须设置路侧防撞护栏：

①快速路路堤高度符合表4-7所列数值。

②快速路上跨的立交主线或匝道路段两侧。

③距快速路边线或路基坡脚1m范围内有江、河、湖、海、沼泽等水域，车辆掉入会有极大危险的路段两侧。

④快速路立交进、出口匝道的三角地带及匝道小半径弯道的外侧。

表4-7 必须设置路侧防撞护栏的路堤高度

边坡坡度	1:1	1:1.5	1:2	1:2.5	1:3	1:3.5	≤1:4
路堤高度(m)	≥2.5	≥3	≥4	≥5	≥6	≥7	≥8

符合下列情况之一者,快速路应设置路侧防撞护栏:

①快速路路堤高度符合表4-8所列数值。

②快速路机动车道边线外侧1m范围内,有门架结构、紧急电话、上跨桥的桥墩、桥台等构造物的路段。

③快速路与铁路或道路平行、车辆有可能闯入相邻铁路或其他道路的路段。

④上跨桥梁和设挡土墙的路段。

表4-8 应设置路侧防撞护栏的路堤高度

边坡坡度	1:1	1:1.5	1:2	1:2.5	1:3	1:3.5	≤1:4
路堤高度(m)	[1.5, 2.5)	[2, 3)	[3, 4)	[4, 5)	[5, 6)	[6, 7)	[7, 8)

符合下列情况之一者,快速路可设置路侧防撞护栏:

①快速路机动车道边线外侧1m范围内,有重要标志柱、隔音墙等设施或高出路面30cm以上的混凝土基础、挡土墙等构造物的快速路主线路段。

②主线或匝道纵坡大于4%的下坡路段。

③路面结冰、积雪严重或多雾地区的立交路段。

第三节 城市干路与支路路段设计

一、平面设计

1. 车行道平面设计

(1) 一般形式车行道平面设计

在一般形式车行道平面设计中,主要涉及中央分隔带、车行道分隔线、机非分隔线和车行道边缘线等交通标线的设置,如图4-18所示。

在车行道的标线设计中,对于设计速度不小于60km/h的道路,可跨越同向车行道分界线线段及间隔长分别为600cm和900cm;对于设计速度小于60km/h的道路,可跨越同向车行道分界线线段及间隔长分别为200cm和400cm。

(2) 车道数发生变化时的平面设计

当路段车道数发生变化时,一般需通过压缩车道宽度来增设1条车道,在设计时应使车道数在行驶方向上由少至多变化,如图4-19所示,而不应由多至少变化,不然容易在车道数变化处形成交通瓶颈,如图4-20所示。

当路面车行道数量必须由多至少变化时,应设置宽度渐变段标线(图4-21),警告车辆驾驶人路宽或车道数变化,应谨慎行车,并禁止超车,标线颜色为黄色,在路宽缩窄的一侧应配合设置窄路标志。

2. 人行横道平面设计

(1) 路段人行横道的设置原则

城市干路与支路路段人行横道的设计既要保障行人过街的安全性和便捷性,又要尽量减少行人过街对机动交通的干扰。

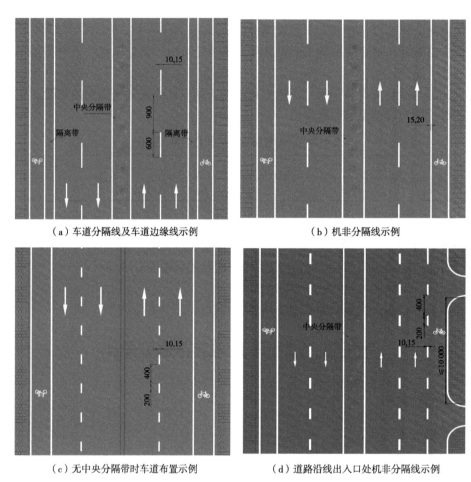

图 4-18 机动车道平面设计示例(单位:cm)

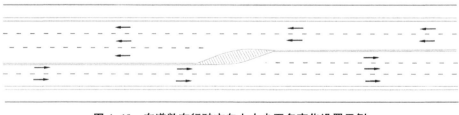

图 4-19 车道数在行驶方向上由少至多变化设置示例

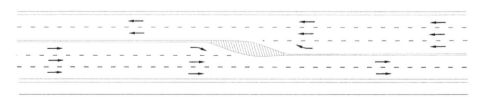

图 4-20 车道数在行驶方向上由多至少变化设置示例

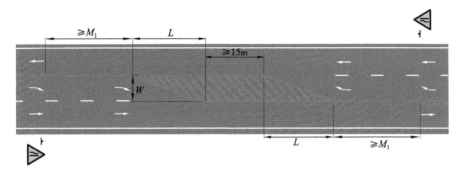

图 4-21 车行道宽度渐变段标线

路段人行横道的设置应遵循以下原则：

①人性化原则。充分尊重大多数行人的心理与行为选择，使行人自然地利用过街设施，而不是强迫行人利用不合理的过街设施。

②便捷性原则。应注重过街设施的舒适性与便捷性，充分考虑老年人、儿童和残疾人等弱势群体的通行权利和交通需求，提供宜人的步行环境。还应特别注意处理好换乘公共交通和慢行交通对通行便利性的要求。

③安全和效率并重的原则。充分利用道路条件和车流规律，选择类型合适的过街设施，采用恰当的控制与管理方式，最大限度地确保行人的通行时间和空间以及过街的安全，并减小行人过街对机动车交通的影响。

（2）人行横道设置方法

在无信号控制的路段中设置人行横道线时，应在人行横道线上游设置停车线和人行横道预告标识线，并配合设置人行横道指示标志，视需要也可增设人行横道警告标志。如图4-22~图4-24所示。

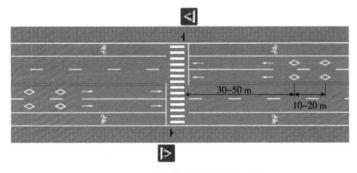

图 4-22 路段人行横道设置示例

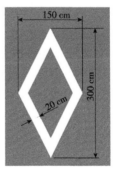

图 4-23 人行横道预告标识

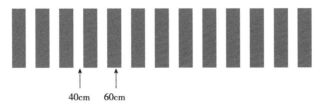

图 4-24 人行横道施划方式

路段上人行横道或其他过街设施的间距宜为 250~300m，人行横道的宽度应根据过街行人数量及信号控制方案确定，主干路的人行横道宽度不宜小于 5m，其他等级道路的人行横道宽度不宜小于 3m，宜采用 1m 为单位增减。

当路段人行横道长度大于 16m 时，应在分隔带或道路中心线附近的人行横道处设置行人二次过街安全岛，安全岛宽度不应小于 2.0m，困难情况下不应小于 1.5m。对于 Z 字形的二次过街安全岛的设置，应保证行人在安全岛内的横向行进方向与待穿越路段车流的行进方向相反，如图 4-25(a) 所示，便于行人发现与过街存在交通冲突的车辆，提高行人过街的安全性。一般不推荐图 4-25(b) 中所示的设置方式。

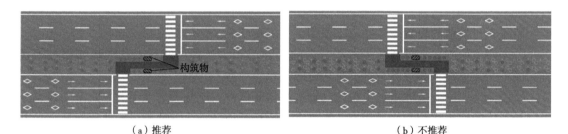

（a）推荐　　　　　　　　　　　　　　　　（b）不推荐

图 4-25　Z 字形二次过街安全岛的设置

二、路段出入口设计

路段出入口交通设计是指对道路沿线单位在路段出入口的交通设计。其设计内容主要为出入口设置以及出入口交通管制形式这两个方面。

1. 出入口设置

路段沿线出入口数量不宜过多，并保持适当的间距，且不应设置在交叉口范围内。交通性道路宜通过设置隔离护栏等方式减少沿线出入口的横向干扰。

为尽可能减少路段出入口对主线交通的干扰，《城市道路交叉口设计规程》（CJJ 152—2010）中对地块及建筑物出入口位置进行了规定：地块及建筑物的机动车出入口不得设在交叉口范围内，且不宜设置在主干路上，宜经支路或专为集散车辆用的地块内部道路与次干路相通。改建交叉口附近地块或建筑物出入口应满足下列要求：

①主干路上，距平面交叉口停止线不应小于 100m，且应右进右出。

②次干路上，距平面交叉口停止线不应小于 80m，且应右进右出。

③支路上，距离与干路相交的平面交叉口停止线不应小于 50m，距离同支路相交的平面交叉口不应小于 30m。

2. 出入口交通管制形式

出入口交通管制形式一般有三种，即信号控制、右进右出控制和无信号控制。由信号控制的出入口，其交通组织形式与一般形式的信号控制交叉口类似。路段沿线的街巷出入口、单位出入口、商业设施出入口、住宅区出入口等，应根据实际选择让行、右进右出、信号控制等交通组织方式，确保出入行人和车辆的安全，并减少对路段交通流的影响。

(1) 右进右出控制的出入口

右进右出控制方式中，沿线单位只能通过右转的方式进出。路段出入口是否进行右进右出控制，对沿线进出交通组织与管理的影响较大，这主要取决于道路的交通功能及沿线进出交通需求条件，图4-26给出了两种方式下的交通冲突状况比较。当道路等级较高时，宜优先选择右进右出管制方式，以保障道路主线交通流的通行能力及行驶安全性。

(2) 无信号控制的出入口

采用无信号控制方式时，沿线单位能通过左转和右转的方式进出，必要时在单位出入口处采取让行控制。对于某些重要的单位，可在出入口处设置网格线，或路段偏置左转车道的方式，保证单位车辆能正常进出（图4-27）。

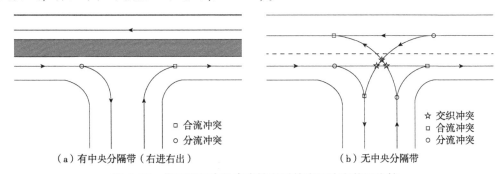

图 4-26　是否进行右进右出控制时的交通冲突状况比较

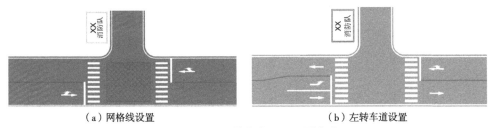

图 4-27　重要单位出入口设置方式

三、指路标志设计

1. 指路标志设计一般规定

城市主干路、次干路及支路应设置指路标志，指路标志的设置应按下列步骤进行：

①指路标志信息分层应根据路网内主要道路、交通结点以及重要地区等信息，按表4-9的规定，依据信息的重要程度、道路的服务对象和功能进行信息分层。

②交叉口路径指引标志的布设，应根据交叉口各交叉道路的等级，按图4-28与表4-10的规定设置，并应按表4-11~表4-13的规定选取适当版面类型与信息，设计交叉口预告、交叉口告知及交叉口确认标志的版面；干路或支路指路标志版面中的距离应指其与基准点的距离，与基准点距离的确定应符合下列规定：指示信息为干路或支路，所指示道路与当前道路直接相交时，应以交叉口作为基准点，但若通过其他道路相连，则应以连接道路与所指示道路的交叉口作为基准点；当指示信息为地区信息时，应以距离该地区主要出入口

表 4-9 城市道路标志信息分层表

信息类型	A 层信息	B 层信息	C 层信息
路线名称信息	高速公路、国道、快速路	省道、主干路	次干路、支路
地区名称信息	重要地区含城市中心区、市政府、大学城区、大型商业区、城市休闲娱乐中心区、著名地区等	主要地区含大学、重要商业区、大型文化广场、中型商业区、主要生活居住区等	一般地区含重要街道、一般生活居住区等
交通枢纽信息	飞机场、特等或一等火车站	二等或三等火车站、长途汽车总站、轮渡码头、大型环岛、大型立交桥、特大桥梁	重要路口
文体、旅游信息	国家级旅游景区、自然保护区、大型文体设施	省市级旅游景点、自然保护区、博物馆、文体场馆	县区级旅游景点、博物馆、纪念馆、文体中心
重要地物信息	国家级产业基地、大型城市标志性建筑	省、市级产业基地，市级文体场馆、科技园	县区级产业基地和企业，县级文化中心

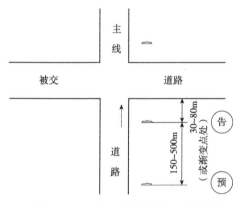

图 4-28 交叉口路径指引标志的设置

或外围大门最近的交叉口作为基准点；当指示信息为旅游景区、交通枢纽等较大型重要地物时，应以距其建筑物本身或外围大门最近的交叉口作为基准点；版面中距离数值的取值，当指路标志中的距离小于 1km 时，宜以 m 为单位，并宜采用 50m 的倍数值；当指路标志中的距离大于或等于 1km 且小于 3km 时应以 km 为单位，并宜采用 0.1km 的倍数值；当指路标志中的距离大于或等于 3km 时应以 km 为单位，并宜采用 1km 的倍数值。整个城市指路标志版面中的距离表示方法宜统一。

③地点指引、沿线设施指引、其他道路信息指引标志的布设，应针对道路沿线信息存在的需要设置相应标志。

④指路标志与其他交通标志的版面组合，应便于识认，不产生歧义。

表 4-10 交叉口路径指引标志的设置

主线道路	被交道路		
	主干路	次干路	支路
主干路	（预）、告、确	（预）、告、确	告、确
次干路	（预）、告、确	（预）、告、确	告、确
支路	告、确	告、确	告、确

注：1."预"为交叉口预告标志；"告"为交叉口告知标志；"确"为确认标志，包括路名牌标志、街道名称标志、地点方向标志等；括号为可根据需要设置的标志。

2. 如条件限制，可降低路径指引标志的配置要求，但应设置必要的交叉口告知标志。

表 4-11　交叉口预告、告知标志版面分类

类别	预告标志	告知标志
Ⅰ类版面		
Ⅱ类版面		
Ⅲ类版面	—	

注：Ⅰ类版面指示前进方向 2 个目的地信息（近信息、远信息）；Ⅱ类版面指示前进方向 1 个目的地信息（近信息）；Ⅲ类版面仅指示前方相交道路路名。

表 4-12　交叉口预告、告知标志版面类型的选用

被交道路	主干路		次干路		支路	
交叉口信控条件	信控	非信控	信控	非信控	信控	非信控
主干路	Ⅰ、(Ⅱ)	Ⅰ、(Ⅱ)	Ⅰ、(Ⅱ)	Ⅰ、(Ⅱ)	Ⅱ、(Ⅲ)	(Ⅱ)、Ⅲ
次干路	(Ⅰ)、Ⅱ	(Ⅰ)、Ⅱ	(Ⅰ)、Ⅱ	(Ⅰ)、Ⅱ	Ⅱ、(Ⅲ)	(Ⅱ)、Ⅲ
支路	Ⅱ、(Ⅲ)	(Ⅱ)、Ⅲ	Ⅱ、(Ⅲ)	(Ⅱ)、Ⅲ	(Ⅱ)、Ⅲ	Ⅲ

注：不带括号的类型为优先选择类型；带括号的类型适用于条件限制或特殊需求情况下选择的版面类型。

表 4-13　交叉口预告、告知标志信息要素选择配置表

标志位置	主线道路	被交道路		
		主干路	次干路	支路
主干路	(A层)、B层、C层	(A层)、B层、C层	(A层)、B层、C层	(B层)、C层
次干路	(A层)、B层、C层	(A层)、B层、C层	(A层)、B层、C层	(B层)、C层
支路	(B层)、C层	(A层)、B层、C层	(A层)、B层、C层	(B层)、C层

注：1. 不带括号的信息为优先选择的信息；带括号的信息适用于无优先信息时，可根据需要作为选择的信息。
2. 当接近首选信息所指示的地点时，该信息作为第一个信息。如需选取第二个，则仍按本表的顺序筛选。

其他标志套用于指路标志上时，应符合下列规定：
①禁令标志套用于指路标志上时，不得替代相应的禁令标志。
②限高、限重禁令标志可结合特殊的道路信息套用于路径指引标志中，但不宜单独放置在箭头杆图形中。
③对禁止某车种通行的禁令标志，可套用于路径指引标志中；提示交叉口下游路段的交通管理信息应套置在箭头杆图形中；提示所通达道路的交通管理信息应套置于该道路名称旁。
④对套用于路径指引标志中禁止某方向通行的禁令标志图案，宜布置在竖向箭头杆的下端。
⑤当禁令标志需与时间等辅助标志配合使用时，不宜套用在路径指引标志中。
⑥地点指引标志、旅游区标志可套用于路径指引标志中。

2. 指路标志设计具体规定

(1) 交叉口预告标志

交叉口预告标志宜设在交叉口告知标志上游 150~500m 处，并宜设置于道路行车方向的右上方，版面应面对来车方向。若条件受限，可向交叉口适当前移，但距交叉口停车线不应少于 100m，且不应遮挡其他交通标志。

交叉口预告标志宜采用图案形式，对畸形或多岔交叉口应通过图案体现交叉口的形状，如图 4-29 所示。

(a) 丁字交叉口　　　(b) Y型交叉口　　　(c) 环形交叉口　　　(d) 畸形或多岔交叉口

图 4-29　带图案的指路标志

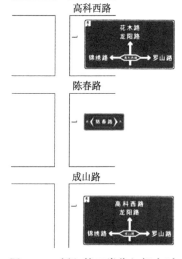

图 4-30　插入第Ⅲ类告知标志时信息连续的设置

(2) 交叉口告知标志

交叉口告知标志宜设置在距离交叉口停车线 30~80m 处，宜设置于道路行车方向的右上方，版面应面对来车方向，如条件受限或视线不良等也可设在左上方。在连续设置的第Ⅰ(或Ⅱ)类交叉口告知标志间，插入第Ⅲ类告知标志时，该处第Ⅲ类告知标志中的道路信息不应出现在被插入的第Ⅰ(或Ⅱ)类交叉口告知标志上，如图 4-30 所示。

(3) 路名牌标志

城市道路均应设置路名牌标志，路名牌标志应设置在交叉口进口道人行道边，标志版面应与行车方向平行。机非分隔带或主辅路分隔带宜增设路名牌标志。

(4) 街道名称标志

城市道路宜设置街道名称标志，街道名称标志宜设置在交叉口下游 30~100m 处，位于车行道右侧，版面应面对来车方向；当两个交叉口间距较大时，可重复设置。

街道名称标志版面中的文字，应按自左至右或自上至下的方式排列，文字排列应保证路名易于识认。

(5) 地点方向标志

在设置有主、辅路断面的城市干路，当主路与辅路前方通达不同的地点、道路时，应设置地点方向标志。地点方向标志应设置在道路通达方向分岔起始点的主、辅路分隔带中，版面应面对来车方向，如图 4-31 所示。版面中地点文字可以是地名，也可以是路名或某某方向等，箭头指向文字说明地点、道路一侧，如某某地点、某某路，或指向文字说明的通向方向一侧，如右转(左转)。

当地点方向标志采用路侧柱式支撑方式，并位于低处设置时，版面中的箭头宜采用斜向下方向；当地点方向标志采用悬臂式支撑方式，标志位于高处设置时，版面中的箭头宜采用斜向上方向。

（6）地点距离标志

指示前方所要经过的城市重要地区、旅游景点、重要交通枢纽和距离，可设置地点距离标志。地点距离标志应设置在通往城市重要地区、旅游景点、重要交通枢纽的上游路段，版面应面对来车方向。

（7）著名地点标志

当道路经过路径指引标志信息中所选取的远端重要地点或地区（A类、B类）时，宜设置著名地点标志。著名地点标志应设置在沿线重要地点或地区的边缘处，版面应面对来车方向。

著名地点标志中的地点或地区名称信息，应与路径指引标志版面中选取的信息一致。

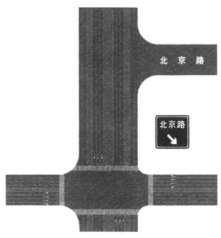

图 4-31　地点方向标志的设置

（8）分界标志

在行政区的分界处可设置分界标志。分界标志应设在行政区的分界处，版面应面对进入该行政区的来车方向；若行政区的分界位于路段中，版面可与行车方向平行，并可标识相邻两区名称。

（9）地点识别标志

在飞机场、火车站、轮渡码头等重要地点、场所的附近，宜设置地点识别标志。地点识别标志中的图形，应按现行国家标准《道路交通标志和标线 第1部分：总则》（GB 5768.1—2017）规定的图形选用。地点识别标志应在道路经过标识地点的出入口处设置，版面应面对来车方向。

轮渡码头等地点未作为路径指引标志中的所选信息时，可视其交通重要性，宜在周边1~3个次干路以上交叉口增设地点识别标志，并应配合设置方向或距离辅助标志，如图4-32所示。

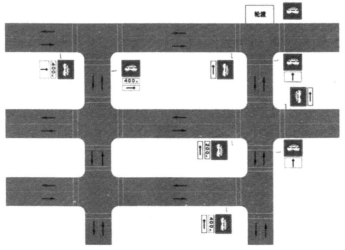

图 4-32　地点识别标志的设置

图 4-33　地点识别标志
采用文字版面示例

地点识别标志可套用于路径指引标志中。地点识别标志除了采用现行国家标准《道路交通标志和标线》(GB 5768)规定的图形标志外，也可采用文字版面，如图 4-33 所示。

(10) 停车场标志

社会停车场均应设置停车场标志，停车场标志应设置在停车场入口道路附近。除停车场入口附近设置停车场标志之外，宜在周边 1~3 个交叉口增设停车场标志，并应配合设置方向或距离辅助标志。

(11) 人行天桥、人行地下通道标志

人行天桥和人行地下通道处，均宜设置人行天桥标志和人行地下通道标志。人行天桥标志和人行地下通道标志应设置在天桥或地下通道入口处。若通道入口不易找寻，应增设人行天桥标志和人行地下通道标志，并应附加辅助标志指示其入口方向或距离。

(12) 残疾人专用设施标志

设有残疾人专用设施处，均应设置残疾人专用设施标志。残疾人专用设施标志应设在残疾人设施附近适当位置。若设施不易找寻，应增设残疾人专用设施标志，并应附加方向或距离辅助标志。

(13) 观景台标志

停车观景地带的两侧宜设置观景台标志，观景台标志区域路段一般车速变化多，分散驾驶人注意力的物体多，观景台标志设置时，应重点考虑其安全视距，避免引起突然停车和倒车等安全问题。

观景台标志应设置在路侧可供道路使用者停车观景地带的两侧。必要时，可在观景地带周边 1~2 个次干路以上交叉口增设观景台标志，并应附加方向或距离辅助标志。

(14) 应急避难设施(场所)标志

应急避难场所、隧道等设施的疏散通道以及其他应急避难设施处，均应设置应急避难设施标志。应急避难设施标志应设置在应急避难场所、隧道等设施的疏散通道以及其他应急避难设施的出入口处，并应在周边 100~500m 范围内增设应急避难设施标志，并应附加方向或距离辅助标志。

(15) 绕行标志

实施交通管制的路段或路口上游，应设置绕行标志。根据需要可在绕行标志上套用禁令标志，并应标识行车路线。

绕行标志应设置于车辆需绕行的起始路口前，并应满足车辆选择相应进口车道的变道行驶距离。根据需要，绕行标志中可标注道路名称标识。

(16) 此路不通标志

断头路上游应设置此路不通标志。此路不通标志应设置于断头路交叉口，并应在交叉口上游与指路标志配合使用，以便驾驶人提前知晓并及时绕行，如图 4-34 所示。

(17) 车道数变少标志

当同一路段中下游道路标准断面行驶车道数量变少、存在车辆合流需求时，应设置车道数减少标志。当交叉口出口道因交通渠化而减少车道数时，不应设置车道数减少标志。

车道数变少标志应设置在车道变化点上游 50~100m 处。车道数变少标志用于快速路时，应采用绿底、白图形、白边框、绿色衬边。

（18）车道数增加标志

当同一路段中下游道路标准断面行驶车道数量增加、存在车辆分流需求时，应设置车道数增加标志。交叉口进口道因交通渠化而增加车道数时，不应设置车道数增加标志。

车道数增加标志应设置在车道数量增加断面上游 50~100m 处。

（19）交通监控设备标志

对已设置图像采集等监控设备的路段，可设置交通监控设备标志。交通监控设备标志宜设置在图像采集等监控设备上游 50~200m 处。

图 4-34 此路不通标志与上游指路标志配合使用

（20）线形诱导标

当前方路段存在易发生事故的小半径弯道、出现非常规的路中隔离设置，以及视线不好的 T 形交叉口等情况时，应设置线形诱导标。

线形诱导标的设置方法，应符合下列规定：

①设置于干路或支路上易发生事故的弯道、视线不好的 T 形交叉口等处，应采用横向蓝底白图形。

②设置于快速路时，应采用绿底、白图形、白边框、绿色衬边。

③设置于非常规的路中隔离设施端部、渠化设施的端部、桥头等，应采用竖向红底白图形。

④设置于易发生事故的弯道时，偏角小于或等于 7°的曲线路段，可在曲线中点位置设一块线形诱导标；当受空间和条件限制，应提前设置，并应采用辅助标志告知距离。

⑤对偏角大于 7°、曲线较长的弯道，可根据需要设置若干块线形诱导标，并应保证道路使用者在曲线内连续看到不少于 3 块线形诱导标。

双车道道路可并设两个方向的线形诱导标。设置线形诱导标后，可不再设置道路平面线形警告标志。

第四节 城市道路路段交通组织设计

城市道路路段应根据路段的性质、在路网中的作用、周边用地的需求，确定设计目标和策略，选择恰当的交通组织措施。路段上应合理设置行人、非机动车和机动车的通行空间与时间，确保各类交通流各行其道、互不干扰。此外，路段上设置的公交站台、停车泊位等交通设施不应影响道路的正常通行。

一、单向交通组织设计

1. 基本概念与分类

(1) 单向交通的概念

单向交通,或称单向通行、单行线、单行道、单行路(街),是指只允许车辆按某一方向行驶的道路交通。

城市中多条单向交通道路相互衔接、相互配合的组织形式称作单向交通系统。单向交通组织设计的基础是城市道路交通网络密度高,原则是适合单向交通组织的道路相邻成对、相向设计。

(2) 单向交通的分类

①固定式。针对全部时间、各种机动车辆。

②定时式。部分时间内实行单向交通。

③定车种式。某种车辆可以双向行驶。

2. 设置条件

《城市道路交通组织设计规范》(GB/T 36670—2018)规定,交通流符合下列条件的次干路或支路,宜设置单向交通:

①全天交通流向比大于1.5的。

②双向双车道,且高峰时间段内道路交通流向比大于2的。

③双向三车道,且高峰时间段内道路交通流向比大于3的。

3. 设计程序

城市干路和支路单向交通组织设计的步骤如下:

(1) 交通调查与分析

确定路网范围,开展道路条件、交通条件及两侧建筑物类型调查。

(2) 制定单向交通方案

按需要和可能,拟定多个单向交通网络组织方案,通过交通仿真,模拟交通的实际状况,并遵循以下原则:

①设置单向交通的道路应选择至少一条与之平行的道路,用以通行反向交通流,且道路间距不宜超过450m。

②单向交通的通行方向应与交通流的主要流向保持一致,可根据交通流的特点设置为时段性单行。

③行人和非机动车宜双向通行,公共交通可根据道路的空间条件规定单向或双向通行。

(3) 交通管理设施设置

按各个方案设计,交通管理设施,包括交通标志、标线、信号灯、监控及过街设施,并进行工程估算。

(4) 效果评价

效果评价包括事前评价与事后评价,事前评价依据调查数据进行模拟仿真,选取延误少、绕行距离短、路网负荷均衡的方案;事后评价确定方案效果并及时调整方案。

4. 单行路标志设计

如图 4-35 所示，当需指示道路为单向行驶道路时，应设置单行线标志。在无信号交叉口处，单行路标志应设置在交叉口单行道出口处，版面应面对来车方向，并应与直行和左转、直行和右转指示标志及禁止机动车驶入、停车让行禁令标志等配合使用。

当单行路标志有时间、车种等规定时，应结合辅助标志说明或附加图形设置。当遇当前行驶道路路段单向车道数大于或等于 2 条或单行路标志不宜被发现的情况，宜先在进入交叉口前适当位置对单行路进行预告。到达单行路交叉口前 1~2 个交叉口，宜设置绕行指路标志，对下游单行路路名、单行方向及车辆绕行方案进行预告，如图 4-36 所示。

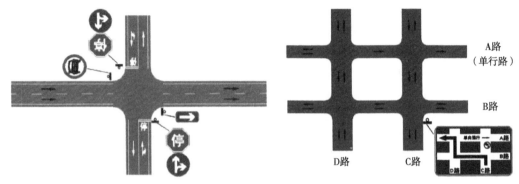

图 4-35　无信号单行路交叉口标志的设置　　图 4-36　单行路绕行预告指路标志的设置

二、多乘员车辆优先通行设计

路段单向车道数在 3 条及以上，道路交通流量大较易发生拥堵，高峰期单位时间内空载车辆（不含驾驶人）交通量与总交通量之比超过 70% 的道路，可设置多乘员专用车道。

多乘员车道应配套设置多乘员专用车道标志和标线，并在多乘员专用车道标志和地面上标明乘员人数。

当多乘员车道有时间限制时，应使用标志说明，同时宜在路面用标线标识。

多乘员车道实施前宜设置过渡期，并通过媒体向广大交通参与者进行宣传。

三、潮汐车道交通组织设计

1. 基本概念

双向行驶的无中央分隔带的道路，双向交通量随时间变化有较为明显的潮汐性，根据交通管理需要，对中间若干条车道进行车道行驶方向变换，称为潮汐车道交通组织设计。潮汐车道交通组织设计根据交通流的潮汐现象，通过信号控制设置潮汐车道，缓解交通拥堵，提高道路的空间利用率。

2. 设置条件

符合以下全部条件的路段，可利用道路中间的 1 条或多条车道设置潮汐车道：

①机动车车道数双向为三车道及以上，流量较大的主干路的双向车道数不少于 5 条。

②主要方向与对向交通出现时段性的流量显著性变化，流向比不小于 1.5。

③设置潮汐车道后，对向的道路通行能力能够满足交通需求。

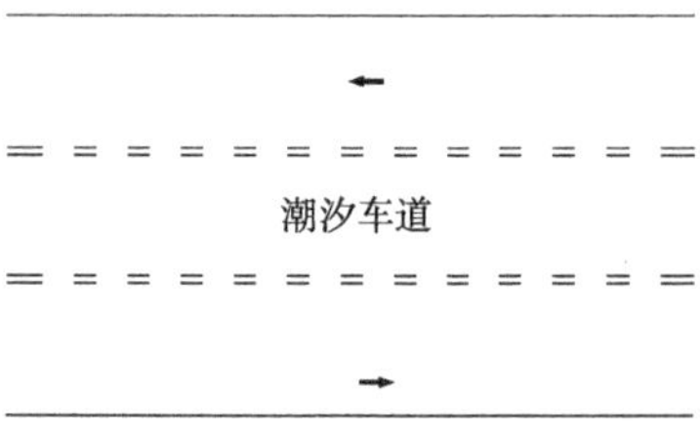

3. 设置方法

当车道数为偶数时，可将一个方向最内侧车道设置为潮汐车道，或将两个方向的最内侧车道都设置为潮汐车道。当车道数为奇数时，可将中间车道设置为潮汐车道，如图 4-37 所示。

潮汐车道在交叉口处应结合进出口车道设置，合理设置车道导向方向，并用可变标志明确指示。潮汐车道应保持某一方向通行的时间不少于 30min，且在进行方向切换时，转换过渡时间应保证能够清空潮汐车道内所有的行驶车辆。

图 4-37 潮汐车道

4. 潮汐车道标志与标线设计

潮汐车道应配套设置相应的标志和标线、车道信号灯。在潮汐车道运行期间，所有交通管理设施表达的交通信息应保持一致，能够明确告知潮汐车道的通行方向。与潮汐车道相交的横向道路上，应设置警告标志，告知驾驶人注意潮汐车道。

潮汐车道线应设置于潮汐车道两侧，采用双黄虚线，线宽应为 15cm，线段与间隔长度应与同一路段的可跨越同向车行道分界线一致，两条黄色虚线的间距宜为 10~15cm。

潮汐车道线应配合设置车道信号灯或可变的车道行驶方向标志、注意潮汐车道标志等，潮汐车道可配合设置相应的物理隔离设施，可采用弹性交通柱，以提醒驾驶人注意潮汐车道。

潮汐车道线在交叉口出入端应设置停止线，采用白色虚实线，长度应为潮汐车道的宽度，线宽均应为 15cm，线间距宜为 10~15cm，虚线的线段及间隔长度均应为 0.5m，虚线应设置在交叉口中心一侧。车辆进入进口道先面对的是实线，需根据信号灯决定能否行驶；当潮汐车道反方向通行时，此虚线位于出口道，已过交叉口中心的车辆到此处先面对虚线，可以越线行驶。

四、路段限制性交通组织

1. 速度管控

为保证道路通行的安全性，应明确每条道路的限速值。限速标志的设置及限速值的确定应符合《道路交通标志和标线 第 5 部分》(GB 5768.5—2017) 限制速度的规定。

一般情况下，应实施固定限速管理。在经常发生恶劣天气、交通事故、交通拥堵的路段，宜实施可变限速管理。

在学校、医院、养老院门口路段以及街区内道路应采取强制降低车速的设计。

2. 禁止掉头

下列情况之一，可采取禁止在路段中间掉头的交通组织方式：

①单向机动车道数少于 3 条。
②需要掉头的大型车辆较多，无足够的掉头空间。
③掉头车辆过多，严重影响对向交通正常通行。

实施禁止掉头后，路段的掉头需求应能够通过交叉口掉头、路网绕行等方式实现。在禁止掉头的路段起始处，应设置禁止掉头标志，并用辅助标志说明范围、时段或车种。

在交叉口或路段掉头对其他车辆严重影响、可能引发交通事故或交通拥堵时，应设置禁止掉头标志。禁止掉头标志设置应符合下列规定：

①应设置在禁止机动车掉头路段的起点和交叉口前中央分隔带适当位置或车道上方，必要时可重复设置。

②对已有禁止向左转弯（或禁止直行和向左转弯）标志，可不再设置禁止掉头标志；在允许机动车左转，但禁止车辆掉头的路口，必须设置禁止掉头标志。

③当设置禁止掉头标志时，宜配合施划禁止掉头标线。

④当禁止掉头标志有时间、车种、轴重、质量等规定时，应采用辅助标志说明。

⑤当禁止掉头标志作为附加图形设置于指示标志或指路标志上时，还应另在适当位置单独设置禁止掉头标志。

五、交通信号协调控制

路段上交通特征相似、关联性强、间距不超过500m的交叉口宜实施交通信号协调控制。为保证交通信号协调控制效果，可通过设置隔离护栏、减少出入口或限制出入口的进出等方式减少横向干扰，维持车流运行稳定。

交叉口交通信号控制机及交通信号控制系统应满足协调控制要求。交通信号协调控制方案的设计内容主要包括：确定协调方向、确定关键交叉口、划定协调子区、划分协调时段、确定公共周期、测定相位差。

六、路内停车管理

经论证，道路空间足够、交通负荷度较低，不影响行人和非机动车通行时，路段上可设置路内停车泊位，当交通流发生变化时，路内停车泊位可取消。

距路外停车场出入口200m以内不应设置路内停车泊位；路内停车泊位不应设为专用停车泊位，其泊位内不应设置地锁；主干路和次干路上不宜设置大型停车泊位。

路内停车泊位应避开水、电、气等地下管道工作井，并且不能影响路段沿线出入口的视距。路内停车泊位宜采用平行式布局，泊位内停放的车辆，应按照道路车流的方向顺向停放。路内停车泊位应配套设置相应的标志和标线，告知允许停放的时间段、允许停放的时长。

第五节 区域交通组织设计及交通组织专项设计

一、区域交通组织设计

1. 区域交通组织总体要求

根据各区域交通吸引、发生的特点，城市区域可分为城市中心区、外围区、城市重点功能片区、特定时段临时管制区等，可采用不同的管理对策和交通组织方案。

区域交通组织宜以促进交通流均衡分布、确保交通通行需求与路网通行能力相匹配为目标，通过合理的措施，引导区域内交通有序流动。

区域交通组织应满足城市交通出行与客货运输的基本要求,还可以根据城市交通容量、社会安全、环境保护等方面的要求采取区域性限制措施。

2. 对外交通设计

(1) 城市出入口交通组织

城市出入口的范围根据城市主干路和城市周边干线公路的衔接情况、交通流分布情况和出行习惯确定,包括相关交叉口和连接路段。城市出入口交通组织设计的具体要求如下:

①出城和进城主要交通流线设计,应充分考虑城市各片区规模、区位条件、空间布局和产业分布,结合路网结构、道路条件、交通方式、运输需求等确定。

②按照"快出缓进、分散组织"的原则,引导出城交通流快捷、顺畅地进入干线公路,引导进城交通流分散、缓速地进入城市主干路网。

③出城路线上的指路标志应连续指引城市出入口连接的高速公路、国道、省道等。

④按照交通管理的需要,在城市出入口处可以对危化品运输车、拖拉机、货运车辆进城路线和时间采用交通限制措施。

⑤进城路段上宜采取设置限速标志逐级降速、交叉口宜设置信号灯逐步分流等方式,缓解进城交通流压力,减少交通拥堵。

(2) 对外客运交通组织

对外客运交通组织设计的具体要求如下:

①大型客运枢纽宜配套设置市内公交起(终)点站、市内轨道交通站点。

②客运枢纽设置在中心城区的,客运车辆的出入口不宜设置在主干路上。出入口宜分离设置,优先采用"右进右出"交通组织方式,必要时采用信号控制。

③城市对外客运线应以客运枢纽和城市出入口为起、终点进行设计,应选择快速路、主干路为主要途径,尽量避免或绕开易发生交通拥堵的城市道路。

④路段上应减少大型客运车辆掉头,可通过远端绕行的方式合理设计线路。

(3) 对外货运交通组织

对外货运交通组织设计的具体要求如下:

①对外货运集散场站应设置在城市外围区。

②城市的重要货源点与集散场站之间应设定通道,通道不宜设置在城市快速路、生活性道路上;当路网条件限制,需要设置在生活性道路上时,应配套设置隔离、隔音、禁鸣等设施。

③货物运输的时段宜避开高峰期。

④货运通道的交通流线应避免采用掉头的组织方式。

⑤货运通道道路条件许可的情况下,可设置专用的货车行驶车道。

⑥危险品运输线路和停车场的设计应当避开人口密集区、重要单位和水源保护地点等。

3. 区域限制性交通组织

(1) 车辆限行

当城市中心区、重点功能片区在高峰期交通较为拥堵时,宜采取部分车辆限行等措施。

当城市区域空气污染或噪声污染较为严重时,或在环境保护要求较高的区域,宜对排放不达标车辆、重型货车等采取限制通行的措施。

限制通行的区域应选择环路、贯通性主干路为区域的边界，设置明显的禁令标志和辅助标志，说明限制的范围、车种、车型和时段等。

在限行的范围和时间内，应有公共交通等替代出行方式满足被限制车辆驾驶人和乘客的交通需求，并根据需要在限行区域外围设置停车换乘场地。

（2）区域限速

在住宅较为集中的城市片区、大型社区，为提高道路的安全性，宜采用区域限速的方式。区域限速值宜为30km/h，宜配套设置减速丘、减速垄等强制降速设施。

采取区域限速的范围应当明确，宜选择城市主干路作为限制区域的边界。进出限制区域的交叉口均应设置区域限速标志和解除限速标志，宜用辅助标志说明限制区域的范围。

4. 重点片区交通组织设计

（1）大型交通枢纽及周边道路

火车站、长途汽车站以及机场等大型交通枢纽及周边道路的交通组织设计应符合如下要求：

①枢纽内部应采用人、车分流的交通流线设计。

②枢纽乘客的出发进口与抵达出口应分开设置，并设计安全、便捷的乘客通道与枢纽停车场，且与周边公共交通站点相连。

③送站停车点和接站停车点应分离，送站停车点宜采取"即停即走"的限时停车管理方式。

④长途汽车站营运车辆的出入口应分开设置，交通流线不应与接送站车辆流线产生较大冲突。

⑤公共交通站点应尽可能靠近枢纽。

⑥出租车的上客等待区应单独设置，并设计出租车专用通道。

⑦枢纽周边临近路段宜采取禁止停车管理策略。

（2）医院周边区域

医院周边区域交通组织设计应符合如下要求：

①根据医院的规模，宜设计多个出入口，且出入口应分开设置。

②在主干路上的出入口宜采用"右进右出"交通组织方式或设置信号灯进行控制。

③急救车辆应设置单独的进出通道。

④合理规划设计社会车辆、出租车的停车场和临时停靠站点，应避免在周边主干路上设置长时间停车泊位。

⑤由于停车场停车满位、在入口道路上经常形成车辆排队时，可沿入口道路一侧临时设置排队通道，并设置隔离设施、交通标志等进行引导。

⑥出租车的上、下客停车区宜单独设置。

（3）学校周边区域

学校周边区域的交通组织设计应符合如下要求：

①学校出入口设置宜距离交叉口范围100m以外，且不宜设置在城市主干路或国省道上。

②学校周边道路宜采用人行天桥、地道或机动车下穿的行人过街设施。

③学校周边适当位置可设置接送学生车辆停放的固定或临时停车泊位，并设置安全、

便捷的学生步行专用通道与学校门口相连。

④对有校车接送的学校，应设置校车专用通道，校车停靠站点应设置在学校门口附近，但不宜占用主干路停车。

⑤在接送高峰期，可对学校周边交通拥堵严重的道路，采取分时段单行、禁止左转、限制通行等临时性交通管制措施。

⑥学校周边的道路应设置限制速度、禁止鸣喇叭等禁令标志，交叉口应设置交通信号灯及交通违法监测记录设备。

(4) 商业集中区周边

商业集中区周边交通组织设计应符合如下要求：

①应充分考虑行人和非机动车通行需求。

②避免过境交通流通过商业集中区，应提前设置指路标志或诱导标志进行远端分流。

③在条件许可的情况下，片区内的次干路及支路宜实施单向交通组织。

④商业集中区内公共停车场的出入口应避免设置在主干路上，宜将进出口分离设置，并实施"右进右出"交通组织方式。

⑤商业集中区内的货运路线、时段、停车上下货的地点设计应不影响主要道路通行。

(5) 旅游景点周边

旅游景点周边交通组织设计应符合如下要求：

①大型旅游客车、社会车辆、出租车、内部车辆、非机动车的停车区域应分开设置。

②对于中心城区的旅游景点，应优先满足大型旅游客车、出租车等车辆的停车和临时上下乘客的需求，社会车辆停车区宜通过交通标志指引到附近的公共停车场。

③合理设计从高速公路出口、国省道连接线到达景点的通行路线，并沿途设置旅游区交通标志进行指引。

④在节假日旅游高峰期，可对旅游景点周边实施临时性道路限行、封闭道路开口、禁止左转等交通管制，当需要设置临时性停车泊位时，宜在次干路和支路上设置。

二、交通组织专项设计

1. 大型活动交通组织专项设计

大型活动交通组织设计方案应优先保障行人、公交车、活动专属大型客车的通行。

(1) 行人交通组织

行人交通组织应符合如下要求：

①应通过连续设置的临时交通标志，明确停车场、公交停靠站点、停车换乘停靠站点至大型活动举办地点的步行路线。

②大型活动举办地点入口处应通过设置标志、标线和隔离设施，明确不同人群的等待区域与入场路线。

③大型活动举办地点内部，应根据出口位置、通行能力、步行距离等因素，制定不同人群离场路线。

(2) 车辆交通组织

车辆交通组织应符合如下要求：

①大型活动入场、离场时段，宜根据机动车、非机动车主要交通流向在举办地点周边的次干路、支路实施临时性单向交通组织或潮汐交通组织。

②可根据道路条件、停车场位置、交通流特性等因素，对大型活动举办地点周边部分道路实施禁限行交通组织，并通过停车换乘、车辆绕行等措施满足禁限行车辆的交通需求。

③可在大型活动举办地点周边满足条件的主干路、次干路设置临时性公交专用车道或活动专属大型客车的专用车道。

④停车换乘地点的选择应与参加活动群众的出行路线相匹配。

⑤特殊车辆的入场、离场线路应尽量避开易发生交通拥堵的路段和交叉口，且道路沿线应便于实施交通管制等应急措施。

(3) 停车交通组织

停车交通组织应符合如下要求：

①机动车、非机动车停车场入口应与行人入口分离设置，且宜对进出停车场的机动车实施"右进右出"交通组织方式。

②可结合区域内禁行道路设置路边（路内）停车场，或利用周边闲置场地、公共用地等设置临时停车场。

③临时性公交停靠站点和活动专属大型客车停靠站点应设置在靠近大型活动举办地点入口处。

④特殊车辆停车场应设置在最靠近大型活动举办地点的停车场。

2. 占路作业区交通组织专项设计

占路作业区交通组织设计方案应满足作业控制区沿线居民、单位工作人员的基本出行需求，优先保障行人、非机动车及公交车通行。具体设计要求如下：

①占用部分或全部车道进行作业时，应修建同等数量的临时便道，降低占路作业对交通的影响。

②因占路作业调整公交线路、站点时，临时公交站点应保障乘客安全上下车。

③在占路作业区内和周边道路设置相关标志、标线等安全设施，保障作业区内交通安全运行，并对作业区周边交通流提前引导分流。

三、交通组织设计方案评价

1. 评价方法

实施交通组织方案的交叉口、路段、区域，应对实施前、实施后道路交通运行状态进行评估验证，对比评价交通组织方案实施效果。交通组织方案的评价方法包括仿真模拟评价、现场调查评价等方法。应根据评价指标预先设定评价体系，可采用单项指标评估对比、多项指标加权综合评估指标对比等方式。

(1) 仿真模拟评价

交通组织方案实施前后的仿真模拟评价，应保证道路交通流量、转向比例等交通需求参数和道路设计车速、道路宽度等道路基础参数的前后一致性。

(2) 现场调查评价

交通组织方案实施前后的现场调查评价，应在实施前和实施后交通流稳定时选定观测日,在同一时段进行交通流运行数据采集;观测日的选择应避开节假日、异常天气及其他特殊情况,宜为不同周内的同一天。

2. 评价内容

(1)交叉口评价

①交通流量。单位时间内,各进口车道通过机动车辆数的总和。

②最大流量比。各进口车道的交通流量与饱和流量之比的最大值。

③交叉口平均延误。各进口道车辆在通过交叉口的过程中所造成的平均时间损失。

④交叉口平均等候信号灯周期个数。单位时间内,在通过交叉口停车线前车辆排队等候信号周期个数的平均值。

⑤交叉口内冲突点数。各方向车辆、行人轨迹,在同一地点、时间产生交叉,可能会发生碰撞的冲突点数量。

⑥行人过街平均延误。路口某方向的行人过街平均等待时长。

(2)路段评价

①路段主流向交通总流量。单位时间内,路段沿主流向方向的交通流量总和。

②路段平均行程时间。车辆通过某一特定长度路段所耗费时间的平均值(包括信号控制和交通拥堵造成的延误)。

③路段平均行程速度。行驶在某一特定长度路段内全部车辆的车速平均值。

④平均停车次数。车辆通过某一特定长度路段停车次数的平均值。

⑤公交车平均行程速度。行驶在某一特定长度路段内公交车的车速平均值。

(3)区域评价

①区域内交叉口交通总流量。单位时间内各交叉口交通流量总和,主要用于判别区域内的总体通行量。

②道路交通拥堵率。特定时段内道路网处于拥堵状态道路里程数之和,与该时段区域内所有道路里程数之和的比值。

③高峰期拥堵延时指数。区域内典型道路上,机动车在高峰期拥堵状态时通过某些路段所花费时间,与畅通状态下通过同样路段所花费时间的比值。

第五章 城市地下道路交通设计

城市地面土地资源的紧缺促进了城市空间向地下发展,地下交通系统是城市地下空间利用的重要组成部分。城市地下道路是指地表以下供机动车或兼有非机动车、行人通行的城市道路。

本章将结合《城市地下道路工程设计规范》(CJJ 221—2015),主要介绍地下道路设计的基本规定、横断面布置与设计、出入口设计及交通设施设计等内容。

第一节 城市地下道路设计的基本规定

一、城市地下道路的分类

1. 按服务对象分类

根据服务对象,城市地下道路可分为机动车专用地下道路和机动车与非机动车、行人共用地下道路。当机动车与非机动车、行人共用横断面时,具体的布置形式多样,可根据实际情况确定。

2. 按服务车型分类

根据服务车型,城市地下道路可分为混行地下道路和小客车专用地下道路。混行是指大、小型车混合行驶,即对服务车辆不做限制。此外,由于城市道路交通以小型车为主,同时考虑到工程经济性、安全性及实施条件制约等因素,越来越多的城市地下道路采用专项技术标准,以小客车为服务对象,形成小客车专用地下道路,将超高的车辆通过地面道路或者周边路网绕行分流。

3. 按主线封闭段长度分类

城市地下道路可按主线封闭段长度分为四类,见表5-1。多点进出的地下道路封闭段除主线外还包括地下匝道,对多点进出的地下道路分类仍按主线的封闭段长度确定。

对于长或特长的地下道路,若在主线上设置一段敞口段,虽然对通风排气有一定作用,但对于机电系统、安全疏散、防火分隔、结构保护等防灾系统影响不大,所以从整个防灾系统来看,地下道路的长度规模仍应按主线两端洞口的距离确定,还属于长或特长地下道路。

表 5-1 城市地下道路长度分类

分类	特长距离地下道路	长距离地下道路	中等距离地下道路	短距离地下道路
长度 L(m)	$L>3000$	$3000 \geqslant L>1000$	$1000 \geqslant L>500$	$L \leqslant 500$

4. 按防火设计要求分类

城市地下道路可根据主线封闭段长度及交通情况,按防火设计要求分为4类,见表5-2,表中 L 为主线封闭段的长度(m)。

表5-2 城市地下道路防火设计分类　　m

用途	一类	二类	三类	四类
可通行危险化学品等机动车	$L>1500$	$1500 \geq L > 500$	$L \leq 500$	—
仅限通行非危险化学品等机动车	$L>3000$	$3000 \geq L > 1500$	$1500 \geq L > 500$	$L \leq 500$

二、设计原则与依据

1. 设计原则

①城市地下道路设计应符合现行行业标准《城市道路工程设计规范(2016年版)》(CJJ 37—2012)的规定,并加强对基础资料调研,与城市路网合理衔接,与区域路网规划、区域地下空间规划相结合,符合城市地下空间规划确定的深度分层、限界。

②城市地下道路设计需处理好与地面交通、城市历史风貌、城市空间环境的关系;处理好与市政管线、轨道交通设施、综合管廊及地下文物等其他地下基础设施的关系,合理安排集约化利用地下空间。

③城市地下道路的平面、纵断面和横断面应进行综合设计,保证视距安全,确保行车安全与舒适。

④城市地下道路应做好出入口位置、间距和形式的综合设计及出入口交通组织,协调与地面交通的衔接,保证地下道路主线通畅,进出交通有序,与周边路网衔接顺畅。

⑤城市地下道路交通设施设计应加强安全行车引导,交通设施应简洁、可视性好、易识别。

2. 设计速度

城市地下道路设计速度取值宜与两端衔接的地面道路采用相同的设计速度,条件困难时,可降低一个等级,并应符合表5-3的规定。

表5-3 各级城市地下道路的设计速度

道路等级	快速路			主干路			次干路			支路		
设计速度(km/h)	100	80	60	60	50	40	50	40	30	40	30	20

地下车库联络道的设计速度应为20km/h,城市地下道路匝道的设计速度宜为主线的0.4~0.7倍。城市地下道路的线形标准应根据实际运行速度的要求,与相邻路段运行速度协调。

3. 建筑限界

如图5-1所示,城市地下道路建筑限界应为道路净高线和两侧侧向净宽边线组成的空间界线,建筑限界顶角宽度(E)不应大于机动车道或非机动车道的侧向净宽度,建筑限界组成最小值应符合表5-4的规定,城市地下道路建筑限界内不得有任何物体侵入。

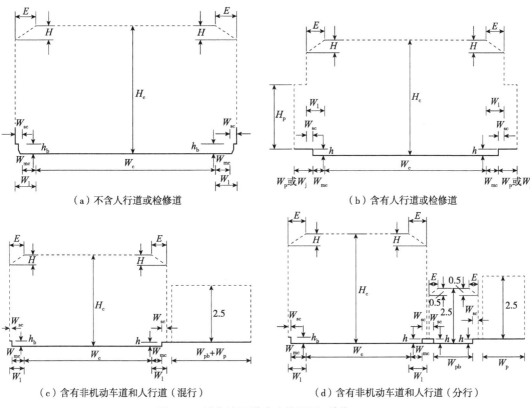

(a) 不含人行道或检修道　　　　　　　　(b) 含有人行道或检修道

(c) 含有非机动车道和人行道（混行）　　(d) 含有非机动车道和人行道（分行）

图 5-1　城市地下道路建筑限界(单位：m)

表 5-4　城市地下道路建筑限界组成最小值

建筑限界组成	路缘带宽度 W_{mc}		安全带宽度 W_{sc}	检修带宽度 W_j	缘石外露高度 h	建筑限界顶角高度 H_e(m)	
	设计速度(km/h)					$H_e<3.5$	$H_e\geqslant3.5$
	≥60	<60					
取值(m)	0.50	0.25	0.25	0.75	0.25~0.40	0.20	0.50

注：1. 当两侧设置人行道或检修道时，可不设安全带宽度。
　　2. 非机动车道路面宽度(W_{pb})或人行道宽度(W_p)应符合第四章的规定。

城市地下道路最小净高应符合表 5-5 的规定。小客车专用道最小净高应采用一般值，条件受限时可采用最小值。不同净高的地下道路之间衔接应做好过渡，同时应设置必要的指示、引导标志及防撞设施等。

表 5-5　城市地下道路最小净高

道路种类	行驶交通类型	净高(m)	
机动车道	小客车	一般值	3.5
		最小值	3.2
	其他机动车	4.5	
非机动车道	非机动车	2.5	
人行道或检修道	行人	2.5	

第二节 城市地下道路的横断面布置与设计

一、一般规定

1. 设备空间设计原则

城市地下道路横断面设计在满足建筑限界条件下,应为通风、给排水、消防、供电照明、监控、内饰装修等配套附属设施和安全疏散设施提供安装空间,通过合理布置充分利用空间,同时应预留结构变形、施工误差、路面调坡等余量。设备空间设计应满足下列原则:

①满足各自设备工艺要求。
②设备布置不得侵入建筑限界。
③应方便设备的安装和维护保养。
④设备管线宜集中布置,可设置专用管廊。

2. 与相连地面道路的衔接

城市地下道路横断面宜与相连地面道路一致,当条件受限,经技术经济论证后可压缩断面,并应符合下列规定:

①应设置宽度渐变段,渐变段长度应符合现行国家标准《道路交通标志和标线》(GB 5768)的规定。
②洞口外的3s行程内断面与地下道路内的断面应保持一致。
③当主线交通采用小客车专用道部分下穿时,两侧地面道路或周边路网应保证其他车辆分流要求,并应做好相应的交通引导和管理。

二、横断面布置

1. 横断面布置方式

(1) 单层式与双层式

根据不同的地形条件,城市地下道路横断面形式可因地制宜确定,同时,地下道路的横断面形式还受施工方法影响,如采用盾构开挖时,目前,现有的盾构机最大直径决定了采用盾构法施工的地下道路横断面的最大尺寸。根据国内外已建设的城市地下道路横断面来看,总体分为单层式和双层式两种布置方式,可按道路用地和交通运行特征布置。

①单层式地下道路。如图5-2所示,单层式地下道路是指在同层布置供车辆行驶,设

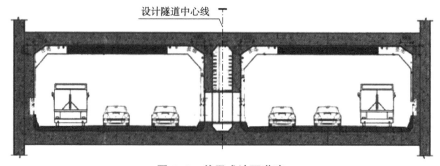

图5-2 单层式地下道路

置单层车道板，下部和上部的空间用于提供设备布线、通风孔道和疏散逃生设施的布置，内部空间利用率相对较低，通常采用双孔实现双向交通通行，对城市地下空间侵占较多。

②双层式地下道路。如图5-3所示，双层式地下道路是指采用上下双层布置供车辆行驶，在同一断面上布置两层车道板，分别满足上下行方向交通通行，利用隧道内行车道的上下空间布置排风道，侧壁空间布设管线和逃生设施，空间利用紧凑，对城市地下空间资源侵占较小。从空间利用角度来看，双层式优于单层式，尤其是对于城市地下空间极其有限的情况，应紧凑布局，尽量减少占用地下资源。

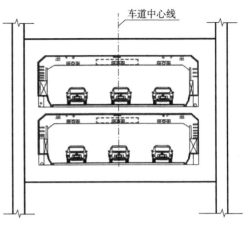

图5-3　双层式地下道路

(2) 敞开式与封闭式

根据空间是否封闭，城市地下道路横断面可分为敞开式和封闭式两种形式。敞开式的地下道路是指交通通行限界全部位于地表以下，而顶部打开，其中顶部打开包含两种形式，一种是顶部全部敞开，另外一种是顶部局部敞开。对于单层式地下道路，敞开式和封闭式示意图分别如图5-4和图5-5所示。

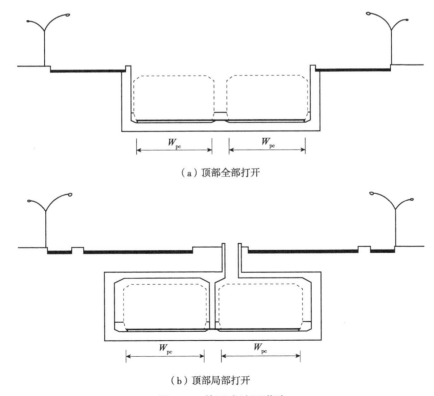

（a）顶部全部打开

（b）顶部局部打开

图5-4　敞开式地下道路

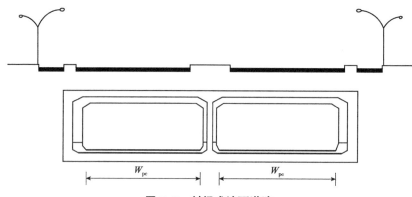

图 5-5 封闭式地下道路

敞开式和封闭式地下道路在通风、照明等方面设计存在较大差异。对于顶部局部打开的地下道路，可利用敞开口作为自然通风口，利用地下道路外风压、内外热压差、交通通风压力进行通风换气，火灾时结合机械系统排烟。合理设置开口的位置和面积，正常运营情况下能够满足污染物的稀释、分散排放的需要。

城市地下道路的横断面布置形式多样，在设计时可从是否要满足大车(如公交)通行、能否便于两端接线路网的交通疏解和地下道路内部空间利用等角度进行各种可能方案比选，合理确定地下道路横断面形式。

2. 双向交通同孔与分孔布置

为保障地下道路的运营安全，不宜在地下道路同一孔内布置双向交通，地下道路双向交通应尽可能分孔隔离，采用分孔隔离也可节约地下道路的结构跨度，断面更为经济，通风排烟可利用活塞风，降低运营成本和风险。

当受道路红线或障碍物控制导致断面分孔隔离布置受限时，对于设计速度大于或等于 50km/h 的短距离地下道路，可在同一通行孔内布置双向交通，但必须采用中央防撞设施(如中央防撞墩等)进行安全隔离，对于中距离以上(含中距离)的地下道路，考虑到运营安全和成本，仍应采用分孔隔离双向交通；对于设计速度小于 50km/h 的中低速地下道路，条件困难时可采用包括隔离反光柱、双黄线等中央安全隔离措施进行隔离。当在同一通行孔内布置双向交通时，必须充分考虑运营管理的安全可靠，以及通风、消防逃生等特殊要求。

三、横断面组成及宽度

城市地下道路的典型横断面宜由机动车道、路缘带等组成，根据需要可设置人行道及非机动车道，特殊断面还应包括紧急停车带以及检修道等。

1. 机动车道

城市地下道路建设经济成本高、受地形及现有地下设施影响制约因素多、施工条件复杂，横断面对工程建设成本和可实施性具有重要影响，其中车道宽度是重要影响因素之一。

国内外已有较多采用较窄车道宽度的地面和地下道路在运营，如上海外滩隧道，设计速度 40km/h，双层布置，车道宽度为 3m；上海复兴路隧道设计速度 40km/h，双层隧道，其中上层为小型车专用道路，车道宽度为 3m；法国 A86 隧道，设计速度 70km/h，车道宽度为3m。目前，这些道路运行状况良好，没有出现因车道宽度不足而引发的大量交通事故等问题。

在建设条件允许下，车道宽度宜满足现行《城市道路工程设计规范（2016年版）》（CJJ 37—2012）的规定。在地形地质条件复杂、中心城地区地下障碍物制约因素多的情况下，或者采用小客车专用道时，可适当降低机动车道宽度，但不应小于表5-6规定值。

表5-6 条件受限或小客车专用地下道路的一条机动车道宽度

设计速度（km/h）		>60	≤60
车道宽度（m）	一般值	3.50	3.25
	最小值	3.25	3.00

2. 非机动车道与人行道

（1）地下快速路

城市地下快速路道路等级高、交通量大、车速高，这种情况下对于慢行交通通过时存在较大的安全隐患，一旦发生事故，因事故所造成的交通拥堵等其他损失对整个城市或区域路网都将产生重要影响。因此，禁止在地下快速路同孔内设置非机动车道或人行道。

（2）其他等级地下道路

一些城市由于历史原因以及城市空间扩展，有铁路穿越城市内部或特有自然地形环境原因，市区被山体、河流隔开，分隔了两侧繁华街区。为沟通加强两侧联系，减少行人、非机动车及车辆绕行，通常需要城市地下道路来穿越障碍物，此时城市地下道路横断面布置还须考虑行人和非机动车出行需求。

鉴于在地下道路同一孔内采用人、车通行的交通组织时，具有一定安全隐患，因此，规定该种情况应满足下列规定：

①行人与非机动车之间宜采取分隔措施，隔离措施可采用护栏，侧石或缘石。

②地下道路长度不宜超过500m，且不得大于1000m。

③地下道路内部空气环境应满足行人安全的要求，设计时通过完善的通风系统或利用敞开式自然通风，维持地下道路良好的空气环境，符合现行国家相关标准的规定。由于地下道路空间封闭，车辆尾气排放产生的CO和NO积聚，容易造成局部浓度过大，对行人产生较大安全隐患。因此，对于布置人行道及非机动车道的城市地下道路应采取严格的通风措施，确保尾气污染物浓度符合相关卫生标准要求。我国《公路隧道通风设计细则》（JTGT D702—2014）规定人车混合通行隧道的CO设计浓度不应大于$70cm^3/m^3$。

（3）机非隔离

当城市地下主干路、次干路和支路同孔内需布置非机动车道或人行道时，必须在机动车道外侧设置隔离护栏，将行人、非机动车与机动车安全分隔。非机动车道和人行道宜两侧设置，但考虑到工程经济成本，为节约断面布置，城市地下主干路、次干路和支路也可将非机动车道和人行道设置在机动车道一侧。当单独设置在地下道路一侧时，应在进入地下道路之前的地面道路做好行人和非机动车过街的交通组织，不应在地下道路内部或接近洞口区域设置行人或非机动车过街设施。

3. 检修道

城市地下道路是否设置检修道应综合考虑隧道横断面形式、工程造价、运营管养模式以及施工工法等综合确定。一般情况下，城市地下道路可不设置检修道，其原因有：城市地下道路以圆形或矩形断面形式为主，若设置检修道势必会增大横断面尺寸，从而对工程造价产生很大影响；另外城市地下道路由于交通量大、内部尾气等环境安全问题都不合适检修人员工作，所以一般通过夜间封闭交通进行集中养护检修，因此，无须设置检修道。

但对于穿越山岭等的城市地下道路，与公路隧道类似，其横断面轮廓主要采用三心圆等形式，形成偏平圆状断面，这样两侧具有很大富余量，但这富余量又不能够为车行所用，为充分利用断面空间位置，所以可用于布置检修道。因此，是否设置检修道应根据具体情况综合确定。当城市地下道路检修道兼作人行道或非机动车道时，其宽度应符合第四章中人行道或非机动车道的规定。

城市地下道路不设置检修道时应设置防撞设施，以避免失控车辆对结构以及侧墙内部布设的运营设备系统的破坏，防撞设施应保证一定的高度，其高度示意如图 5-6 所示，目前工程上设置的高度一般在 0.5~1m，不宜过低或过高。具体设置应满足现行国家标准《城市道路交通设施设计规范》(GB 50688—2011)等规定。

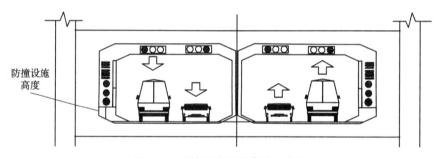

图 5-6 防撞设施及其高度示意图

4. 紧急停车带与应急停车港湾

(1) 紧急停车带设置条件与宽度

①紧急停车带设置条件。长或特长单向双车道城市地下道路宜在行车方向的右侧设置连续式紧急停车带，单向双车道的城市地下快速路应在行车方向的右侧设置连续式紧急停车带。

②紧急停车带宽度。城市地下道路的连续式紧急停车带宽度应根据设计速度、设计车型、使用功能、经济成本以及工程可实施性等方面综合论证确定，其最小宽度宜符合表 5-7 的规定。紧急停车带宽度取值范围与服务车道类型有关，根据具体设计条件及所设计的停车带预期发挥功能来选择一般值或最小值。条件允许情况下，宜尽量采用一般值；当条件受限，采用窄宽度的紧急停车带时，还可通过其他工程措施来弥补窄宽度的不足。单向单车道的城市地下道路主线或匝道应设置连续式紧急停车带，宽度不应小于表 5-7 规定的一般值。

表 5-7　城市地下道路连续式紧急停车带最小宽度

车型及车道类型	一般值(m)	最小值(m)
大型车或混行车道	3.0	2.0
小客车专用车道	2.5	1.5

(2) 应急停车港湾

如图 5-7 所示，当设置连续式紧急停车带有困难时，宜设置应急停车港湾，供故障车辆等紧急停靠，并应符合下列规定：

①为保证车辆进出应急停车港湾的安全，保证与主线车辆之间具有良好的通视视距，应急停车港湾不宜设置在曲线内侧等行车视距受影响的路段。

②应急停车港湾设置间距宜为 500m。

③应急停车港湾由过渡段和有效长度段组成，过渡段的作用是便于车辆进入应急停车港湾，驶出时可避免直接进入主线，减小对主线的干扰，长度不应小于 5m，有效长度不应小于 30m。

④应急停车港湾的有效宽度应能够保证车辆的停靠安全，不应小于 3m。

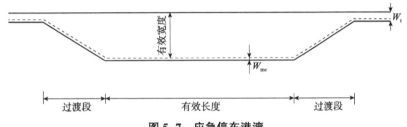

图 5-7　应急停车港湾

应急停车港湾的设置应因地制宜，可根据地下道路功能等级、交通流组成特征，综合考虑通风以及工程造价，确定具体设计参数。其中，间距不是一个固定值，应综合考虑工程的可实施性和建设条件，避免设置在地质条件较差的位置。对于特长、交通量大的城市地下道路适当加密应急停车港湾的设置。多点进出的城市地下道路也可利用变速车道两端，合理布置应急停车港湾。应急停车港湾的设置还受施工工法的影响，当施工工法受限时可不设，但应采取其他措施。

应急停车港湾利用率与其位置的设置以及预告、提醒标志设置的合理性有关。在设计时，应合理地确定其位置，还应做好预告、提醒，让驾驶人有足够信息获知前方应急停车港的位置，增大利用率。

第三节　城市地下道路出入口设计

一、一般规定

1. 出入口位置及间距

城市地下道路的出入口位置、间距及形式，应满足主线车流稳定、分合流处行车安全的要求，还应根据围岩等级及稳定性、地质条件等综合确定，其理由如下：

①我国快速路运营经验表明，主线出入口位置设置、出入口间距直接影响主线运行效率。不合理的间距设置容易导致进出主线车辆形成严重交织，从而降低服务水平，造成交通拥堵。地下道路具有类似特征，多点进出的长距离地下道路出入口的设置应统筹考虑，既要考虑到服务所穿越区域的到发交通量，又要注重全线整体运行效率。

②同时，地下道路的出入口位置还应考虑围岩等级及稳定性、地质条件等状况，根据实际状况，可适当调整位置，避免设置在地质条件较差的路段。

2. 出入口交通组织

在我国以及其他许多靠右行驶的国家都将出入口设置在主线右侧，采用"右进右出"模式，符合驾驶人的行驶习惯，方便进出。我国现有规范也规定，出入口应设置在主线的行车道右侧。考虑到交通组织需要、工程造价、施工难度、地下障碍物以及对地下空间的占用等因素，城市地下道路不可避免地存在左侧出入口的情况，尤其对于单管双层式地下道路，为便于施工和工程经济性，通常上下双向交通的出入口层匝道布置在同一位置，当某一方向的出入口设置在右侧时，则另一方向交通的出入口将不可避免需设置在左侧。

左侧驶入和驶出不符合我国的驾驶习惯，不利于行车安全。在国内部分高速公路建设中立体交叉也存在左侧出口的情况。从运营效果来看，左侧出口区域容易出现走错路、停车观望、倒车等问题，存在较大安全隐患，易成为事故多发区域。

一般情况下，出入口应设置在道路右侧，当条件受限时，可设置左侧入口，但应尽可能避免设置左侧出口，同时，应做好交通组织，通过设置辅助车道以及完善的交通工程措施等手段来提高左入口区域的行车安全。如可设置足够长度的辅助车道，辅助车道的具体要求应符合现行的相关标准要求；增加入口识别视距；增加合流段照明亮度；设置入口警告标志，提醒告知驾驶人前方左侧存在汇流车辆，交通标志宜采用光电式。

二、出入口间距

1. 最小间距规定

确定出入口最小间距的研究方法可分为实测经验法和理论模型法两种。目前，相关规范规定的最小间距都是实测经验法。理论模型法以美国《道路通行能力手册》（HCM）中的相关分析方法为主。

理论模型法的基本计算原理根据前后匝道的类型组合关系，共分为四类模式，最小间距长度由加速车道长度、交通标志识别距离、交织长度以及减速车道长度组成，出入口间距应能保证主线交通不受分合流交通干扰，并为分合流交通加减速及换车道提供安全、可靠的路况条件。

城市地下道路路段上相邻两出入口端部之间的最小间距应符合表 5-8 的规定，表中的规定是针对出入口设置在道路主线右侧的情况，但在特殊情况下地下道路还存在左侧进入的情况，形成左进右出组合形式的出入口，这种情况下需要交织的车道数增加，必然会导致交织距离增长，其间距应该增大，具体情况建议根据实际预测交通量进行测试分析，给出实际所需的距离，保证长度满足交织要求。

表 5-8　城市地下道路出入口最小间距

m

设计速度(km/h)	出—出	出—入	入—入	入—出
80	610	210	610	1020
60	460	160	460	760
50	390	130	390	640
40	310	110	310	510

2. 辅助车道设计

由于地下道路施工复杂，横断面变化会给施工带来困难，尤其是在采用盾构法施工时，不宜频繁变化更改横断面布置。因此，当施工工法受制时，地下道路的出入口之间宜将出入口加减速车道直接连接，形成辅助车道，用辅助车道实行加减速功能，避免横断面的过渡变化带来的施工困难。

表 5-8 给出了出入口间距最短要求，当不满足该距离要求时，应设置辅助车道，但是当出入口间距很短，同时交织流量比较大时，可能即使设置辅助车道也不满足要求。因此，建议对于距离小于表 5-8 中的对应距离时，设置辅助车道后还应该进行交织区的通行能力验证，以保证交织需求。

3. 地下车库联络道

地下车库联络道是指用于连接各地块地下车库并直接与城市道路相衔接的地下车行道路。

地下车库联络道应在有地块接入侧设置辅助车道，当两侧均有接入地块时，宜采用"主线车道+两侧辅助车道"布置形式；仅有单侧接入地块，宜采用"主线车道+单侧辅助车道"布置形式。如图 5-8 所示，地块车库联系的出入口在接入侧布有辅助车道后，接入间距不应小于 30m。

图 5-8　地下车库联络道出入口接入间距

地下车库联络道与地块车库联系的出入口不应设置在进出地下车库联络道的匝道上，与匝道坡道起止线距离不宜小于 50m。

三、分合流端

1. 设置位置

从目前高速公路、城市快速路运营来看，互通立交出入口区域由于需要分合流，交通运行环境复杂、车辆变换车道频繁、车速变化大，导致该区域事故多发。当该区域存在小半径平曲线、竖曲线或者平纵组合不良等情况时，都会造成行车视距问题，增加行车安全隐患，容易引发交通事故,因此,应避免在这些可能引起视距不良的路段设置出入口。

城市地下道路出入口的分合流端宜设置在平缓路段,不应设置在平纵组合不良路段,分合流端附近主线的平曲线、竖曲线应采用较大半径。

2. 停车视距

为保证驾驶人具有足够时间,在一定的距离前识别前方出口的存在,适时变换车道驶离主线,进入减速车道,然后采取正常的减速度行驶至匝道,避免驾驶人对出口位置认识过迟而导致匆忙减速或误行倒车等行为发生,这个距离称为"识别视距"。城市地下道路主线分流鼻前的识别视距不宜小于2倍的主线停车视距,条件受限时不应小于1.5倍的主线停车视距。判断出口时,驾驶人应能够看到分流鼻端标线,故物高应为0,目高对凸形竖曲线规定为1.2m,对凹形竖曲线规定为1.9m;当为混合车道,货车比例较高时,应验算货车停车视距,货车目高规定为2.0m。因此,在出入口区域当存在半径较小的竖曲线或平曲线时,需要验算出入口的识别视距是否满足。

地下道路上的合流点通常也是事故多发路段,为了充分保证地下道路的行车安全,规定城市地下道路主线汇流鼻前的识别视距不应小于1.5倍的主线停车视距。其目的也是保证主线的车辆能够及时发现匝道汇流进入主线的车辆,防止因车速差异较大、视距不足而造成主线车辆停车不及与汇入车辆发生追尾事故。

3. 车道隔离段

互通立交区域汇流鼻前,通常匝道与主线应保证一个通视三角区,主线100m和匝道60m,在这三角通视区范围内不应有遮挡视线的障碍物。地下道路由于主线、匝道两侧都存在侧墙,在汇流鼻端很难保证通视三角区,匝道上车辆在汇流前无法获知主线交通运行状况,容易造成随意汇入主线,从而造成主线车辆发现不及而发生侧碰、追尾等交通事故。车道隔离段可阻止匝道上车辆随意或者过早汇入主线,保证其能够有足够时间观察主线车流状况,加速到一定程度后减少与主线的运行速度差,提高行车安全。因此规定匝道接入主线入口处,从汇流鼻端开始应设置与主线直行车道的隔离段,隔离段长度不应小于主线的停车视距值,如图5-9所示。

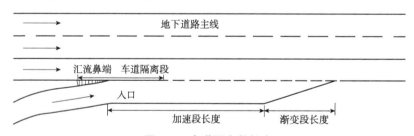

图5-9 车道隔离段长度

隔离方式有标线隔离和物理隔离,建议地下道路的合流段采用物理隔离,分隔设施颜色宜醒目,能反光,具体还应符合《城市道路交通设施设计规范》(GB 50688—2011)的规定,且注意隔离设施的高度,自身不能影响行车视距。

4. 地下道路洞口与汇流鼻端距离

进入城市地下道路时,光线明暗过渡,驾驶人通常需要一个视觉适应过程,为减少在这段适应过程范围内主线车辆行车受到的干扰,提高入口附近的行车安全,在这个过渡适应的区域应避免设置合流点，距离为照明设计中的入口段长度与第一过渡段长度之和，如图5-10所示，合流段的汇流鼻端与洞口的距离不应小于表5-9的规定。

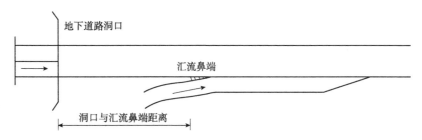

图5-10 地下道路洞口与汇流鼻端距离

表5-9 城市地下道路洞口与汇流鼻端最小距离

设计速度(km/h)	最小间距(m)	设计速度(km/h)	最小间距(m)
80	165	50	60
60	85	≤40	35

四、变速车道

在地下道路匝道与主线连接路段，为适应车辆变速行驶需要，而不致影响主线交通所设置的附加车道称为变速车道，变速车道包括减速车道和加速车道。地下道路的加减速车道设置还应考虑施工工法，由于横断面变化会给施工带来困难，尤其是在采用盾构法施工时，不宜频繁变化更改横断面布置。

1. 变速车道的类型

地下道路变速车道也可分为直接式和平行式，直接式不设平行路段，由主线斜向渐变加宽，形成一条与匝道相连接的附加车道；平行式是指增设一条与主线平行的车道，其特点是车道划分明确，行车容易辨识。

当地下道路主线的直行方向交通量较少或匝道与主线速度相差较小时，可采用直接式变速车道；当直行方向交通量较大或匝道与主线速度相差较大时，宜采用平行式变速车道，由于地下道路通视特性差，加速车道宜采用平行式汇入主线。

2. 变速车道长度

城市地下道路单车道加减速车道长度不应小于表5-10的规定，双车道变速车道的长度宜为单车道变速车道规定长度的1.2~1.5倍；下坡路段减速车道和上坡路段加速车道的长度应按表5-11的修正系数进行修正。

表5-10 城市地下道路单车道变速车道长度

主线设计速度(km/h)	80	60	50	40
减速车道长度(m)	80	70	50	30
加速车道长度(m)	220	140	100	70

表 5-11　变速车道长度修正系数

纵坡度(%)	0<i≤2	2<i≤3	3<i≤4	4<i≤6
下坡减速车道修正系数	1.00	1.10	1.20	1.30
上坡加速车道修正系数	1.00	1.20	1.30	1.40

3. 渐变段长度

渐变段长度参考现行行业标准《城市道路交叉口设计规程》(CJJ 152—2010)，长度计算方法为：渐变段长度根据车辆横移 1 条车道所需最短距离，横移时间 t 取 3s，即过渡段长度 L 按式(5-1)计算。

$$L = V_a t \tag{5-1}$$

式中：V_a——平均行驶速度，km/h。

五、地下道路与地面道路衔接

1. 出口接地点处与下游地面道路平面交叉口距离

研究表明，地下道路进出口的亮度急剧变化会造成驾驶人明暗适应困难，剧烈的明暗过渡会使驾驶人瞳孔面积急剧变化，如果超出了驾驶人视觉适应能力，瞳孔将难以准确聚焦在视网膜上成像，从而产生瞬时盲期，此时若交叉口与地下道路出洞口距离过近，驾驶人不易识别交叉口，因而安全隐患极大。

因此，在交叉口与地下道路出洞口之间应保证足够的距离。对于城市下穿型的地下道路，出地下道路后通常设置一定长度的上坡敞开段，由于受竖曲线影响，车辆在爬升至地面接地点前通常很难对前方路况有详细的了解，对于此类型的地下道路，规定了接地点与交叉口的距离，以保证驾驶人具有足够距离发现前方交叉口存在，能够有充足的视距发现交叉口车辆运行状况。这个距离根据交叉口类型不同，要求也不相同，城市地下道路出口接地点处与下游地面道路平面交叉口距离应符合下列规定：

①与无信号控制平面交叉口的停车线距离不宜小于 2 倍停车视距；当视线条件好、具有明显标志时，不应小于 1.5 倍停车视距。

②与信号控制交叉口的停车线距离不宜小于 1.5 倍停车视距，条件受限时不得小于 1 倍停车视距。

对于山岭隧道等不存在敞开段接地点时，该距离可定义为隧道洞口至交叉口的距离。

2. 地下道路出口与地面道路匝道距离

驾驶人由于受地下道路压抑环境和"黑洞""白洞"的影响，当分流端与隧道洞口间距过小，车辆驶出隧道后进入互通前，驾驶人需要对大量道路信息做出判断，极易错过互通出口或在互通出口处犹豫、突然变换车道、急刹车等情况，影响主线正常行车。此外，出口匝道的影响范围内一般情况下道路环境复杂，车道变换频繁，驾驶行为与基本路段有较大差异，驾驶人驾驶负荷和心理压力大幅度增加。进出隧道洞口与道路出口分流区域都是行车危险、事故多发路段，控制道路的分流端与隧道洞口间距的问题实质就是避免这两种危险区域的叠加。

如图 5-11 所示，城市地下道路出口与邻接地面道路出口匝道减速车道渐变段起点的距离应满足设置出口预告标志的需要；当条件受限时，不应小于 1.5 倍主线停车视距。除需满足最短距离外，还应采取一些安全保障措施，如在地下道路洞内连续设置出口预告标志，提醒驾驶人前方出口匝道，或在地下道路出口与出口匝道之间设置减速振动带，以强化提示前方出口。

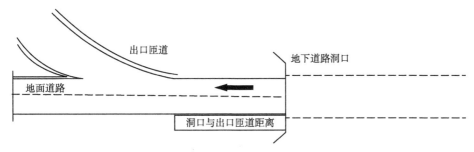

图 5-11　地下道路出口与地面道路匝道距离

3. 出入口与接地点的布置

对于城市区域，出入口与接地点的布置还应满足交叉口通行效率和交通组织的需求。《城市地下道路工程设计规范》（CJJ 221—2015）规定，当城市地下道路接地后与平面交叉口衔接时，出入口与接地点的布置应符合下列要求：

①出入口引道布置可根据条件集中布置在地面道路的中央或两侧，离路口展宽段距离较近应按转向拓宽分车道渠化。

②接地点至地面交叉口停车线距离除应满足视距要求外，还应根据红灯期间车辆排队长度以及匝道与地面道路转换车道所需的交织段长度综合确定。

对于重要交叉口，宜进行专项的交通组织设计，充分考虑地下道路出入口接入交叉口时，对交叉口的通行能力影响，优化布置接入点。

第四节　城市地下道路交通设施设计

一、一般规定

城市地下道路交通设施设计应符合现行国家标准《城市道路交通设施设计规范》（GB 50688—2011）相关规定。《城市地下道路工程设计规范》（CJJ 221—2015）对城市地下道路交通设施设计的一般规定如下：

1. 识别要求

城市地下道路的交通标志一般设置在道路前进方向的右侧或上方，但由于城市地下道路空间封闭、设计净高较小，两侧侧墙对标志的遮挡影响比较大，所以，城市地下道路交通标志设置时应注意侧墙对交通标志的可识别性影响，满足道路使用者在动态条件下的视认性要求，考虑在动态条件下发现、判读标志及采取行动所需的时间和前置距离，保证充分的视认距离，交通标志应设置在驾驶人最容易识别的位置。

当城市地下道路交通标志设置在小半径平曲线或竖曲线等路段时，应满足标志的识别要求，不得被侧墙、顶板、附属设施等遮挡。

2. 主动发光或照明式标志

由于城市地下道路空间相对封闭，传统的靠反光交通标志在地下道路内部使用时间较长后，会因空气油污而失去反光效果。因此，城市地下道路宜采用照明式和主动发光式标志，增加交通标志的可识别性。标志宜体薄量轻、便于悬挂，亮度应衰减慢、便于长期工作。标志可采用单面发光或双面发光、主动发光和被动反光相结合方式。

其中，照明式又可分为内部照明式和外部照明式。内部照明式又可分为：一种是在内部设置灯泡或灯管，做成灯箱形式，这种标志体积相对笨重，且内部灯管易损坏；另一种是采用 LED 光源，这种标志一般体薄量轻，在有限的空间内，便于悬挂，同时亮度衰减慢，便于长期工作。但无论采用何种光电标志形式，由于标志本身不能反光，一旦内部电路出故障时，标志功能作用将丧失。因此，城市地下道路交通标志最好是采用发光与被动反光相结合的方式，这样既能有效地保证标志的使用效果，又可以提高标志的可靠性。

3. 尺寸和位置

当城市地下道路内部空间受限时，交通标志尺寸和位置可根据地下道路内空间状况适当缩减和调整，但应符合国家现行标准的要求，并不得侵入道路建筑限界。城市地下道路设计净空小，由于交通标志布设不得侵入地下道路建筑限界内，因此，地下道路的交通标志在尽可能满足现行相关标准的情况下，尺寸可适当调整，对降低尺寸的交通标志，应保证驾驶人的可读性和可视性。此外，还可以通过增强照明、优化标志版面信息等措施提高标志的可读性和识别性。

对地下道路内或桥下因建筑限界、结构承载能力限制等特殊情况，需缩小标志版面尺寸时，可适当减小文字高度，最小高度不应小于一般值的 0.8 倍，或采用高宽比为 1∶0.75 的窄字体，但不得改变版面各要素之间的相互关系。

4. 交通标线类型

城市地下道路应设置反光交通标线，交通标线表面抗滑性能不应低于所在路段的路面。

二、交通标志

1. 入口引导标志

为合理引导周边地面道路交通进入地下道路，提高地下道路利用效率，充分发挥地下道路缓解交通的功能，城市地下道路除下穿路口的地下通道外，在地面周边路网一定范围内应设置入口指路标志。下穿路口的地下通道是指下穿一个或连续下穿多个道路交叉口的地下道路，也俗称下立交，这种类型地下道路一般距离短，作为主线的一部分，主要解决节点交通，此外通常地面都设有辅道。因此，下穿路口的地下通道专门在周边路网范围内设置入口引导标志的必要性不大。

《城市地下道路工程设计规范》（CJJ 221—2015）规定，城市地下道路应根据道路功能、等级设置入口引导标志，并应符合下列规定：

①对于地下快速路和主干路，除下穿路口的地下通道外，应在入口周边 2km 范围内设置入口引导标志，其余还应符合现行国家相关标准的规定。

②对于地下车库联络道应在入口周边 1km 范围内设置入口引导标志，引导标志应指示

方向和距离，设置在周边的主要交叉口范围处。

③入口引导标志应设置在与地下道路连接的道路，以及周边的主干路、次干路的各主要交叉口，且不少于2个主要交叉口。

④入口引导标志宜单独设置，除快速路以外的其他类型地下道路，也可结合指路标志以及可变信息标志综合设置。

2. 入口前交通标志

城市地下道路入口前应设置交通标志，并应符合下列规定：

①在地下道路入口前至少50m处，宜设置地下道路指示标志，地下道路指示标志用于指示前方地下道路的名称及长度。

②考虑到当地下道路照明不足时，在入口前还应设置开车灯警告标志，提醒警告驾驶人在进入道路内部打开前照灯，可与地下道路指示标志合并设置。

③根据交通管理需求，在入口处前应设置限速、限重、限高、限制车型、禁止停车等禁令标志。

④针对限高有特殊要求的城市地下道路，入口前应连续设置3次限高警告，条件受限时，不应小于2次。各次警告之间应保持一段距离，并应能保证超高车辆及时分流，最后一次应为硬杆型的防撞门架。对于有限高要求的地下道路，从国内目前已运营情况来看，大多在入口前连续设置2~3次超高警告，采用软硬相结合的控制措施，最后一次应为强制性阻止车辆进入措施，如设置硬杆型防撞门架，还有部分地下道路采用4次警告措施。从目前运营情况来看，基本通过前两级的超高警告可将超高车辆分离，逐级设置超高警告的方法效果比较明显。

⑤地下道路入口设计还应体现道路"容错性"的设计理念，门架前应设置绕行通道，各级警告标志之间应保持一段距离，能保证误闯入的超高车辆能够及时分离，当最后被强制性禁止通行后也能通过引导，绕行驶离主线，以不阻碍进入地下道路的其他车辆正常交通通行。

3. 主动发光或照明式指示标志

城市地下道路在下列位置应设置主动发光或照明式指示标志：

①设置应急停车港湾时，应在应急停车港湾前5m处设置应急停车港湾指示标志，宜采用双面显示。

②消火栓上方应设置消防设备指示标志。

③紧急电话上方应设置紧急电话指示标志。

4. 指路标志

（1）停车库指路标志

地下车库联络道内应设置停车库指路标志及停车库入口标志，宜设置停车库空车位数预告标志。

（2）多点进出的城市地下道路出口指路标志

当城市地下道路出口与地面道路交叉口间的距离较短或地下道路为多点进出时，应在地下道路内设置指路标志，多点进出的城市地下道路出口指路标志应分级指引，应对前方出口名称、方向、距离进行预告，并应符合下列规定：

①设计速度大于等于60km/h的城市地下道路出口预告设置应符合国家现行相关标准要求。

②设计速度小于60km/h的地下道路，除地下车库联络道外，应分别在减速车道的渐变段起点前1km、500m、250m和起点处设置出口预告标志；当间距小于1km时，可取消1km处出口预告标志。出口预告标志用于告知驾驶人下一个出口的距离和所能到达的目的地，使驾驶人能够提前变换车道，顺利驶出主路。

③地下车库联络道是一种特殊形式的多点进出型地下道路，出口包括车库出口和地面道路出口两种类型。地下车库联络道的出口预告标志应对前方出口地面道路名称、停车库名称、方向、距离进行预告，出口预告标志不宜小于2级，并应在出口分流端设置出口确认标志。其中，对于地面道路出口的引导，可根据地面道路的重要程度，区分引导；对于重要道路可增加预告级数，如当出口地面道路为快速路或主干路时，可增加至3级预告。

5. 其他标志

城市地下道路主线合流点前应设置注意合流标志，并宜设置振荡标线配合标志使用。

城市地下道路主线、匝道线形变化较大路段处，应设置引导行驶方向的线形诱导标志，每处设置数量不应小于3块，诱导标志宜采用主动发光式标志。

线形指标较低的地下道路对驾驶人视线影响较大，建议对线形指标较低的地下匝道、主线等曲线路段应设置线形诱导标志；急弯时可布设急弯警告标志，提醒警告驾驶人。

三、交通标线

1. 实线车道分界线

城市地下道路出入口的洞口内及洞外50~100m范围内宜设置实线车道分界线，城市地下道路连续弯道、视距不良等危险路段宜设置实线车道分界线。其原因为：地下道路进出洞口、急弯等路段通常是事故多发路段，因此，规定在这些路段范围设置实线车道分界线，禁止变换车道和超车。

2. 轮廓标

城市地下道路主线以及地下匝道等车行道两侧应连续设置轮廓标。轮廓标设置应符合现行国家标准《城市道路交通设施设计规范》(GB 50688—2011)的规定：

①轮廓标不得侵入道路建筑限界。

②轮廓标在直线段的设置间隔应为50m。

③曲线段轮廓标的设置间隔可按表5-11的规定选取，道路宽度发生变化的路段及其他危险路段，可适当加密轮廓标的间距。

表5-11 曲线段轮廓标的设置间隔　　　　　　　　　　　　　　　　m

曲线半径	<30	30~89	90~179	180~274	275~374	375~999	1000~1999	>2000
设置间隔	4	8	12	16	24	32	40	48

3. 立面标记

城市地下道路洞门、洞内紧应急停车港湾的迎车面端部宜设置立面标记。立面标记应由多组黄黑相间的倾斜线条组成，斜线倾角应为45°，线宽及间距应均为15cm，设置于交通标志立柱等构造物的立面标记可与其同宽,设置时应把向下倾斜的一边朝向车行道。立面标记设置高度应涂至距路面 2.5m 以上。

立面标记应与限高标志配合使用,在上游适当位置应配合设置限制高度标志,并应告知超高车辆的绕行方式。

4. 减速振荡标线

小半径、急弯、陡坡、长大下坡、合流段等地下道路事故易发路段前,应设置减速振荡标线等相应减速措施以及危险警告标志。

城市地下道路两侧干扰少,尤其是在进入地下道路的下坡长直线、大半径曲线路段都容易诱发超速。当在高速情况下突然驶入线形指标较低的小半径、急弯、陡坡等路段时极易发生交通事故,因此,在进入事故易发路段之前应通过设置减速振荡标线,采取一定交通措施控制车辆运行速度。

5. 路面文字标记

当设置限制车行道的行驶速度、控制车行道行驶车辆的类型或指定车行道前进方向、提示出口信息时,可设置相应的路面文字标记。

四、交通防护设施

城市地下道路一般不设置检修道,内侧车道行驶的车辆与侧墙的侧向距离较小,车辆失控会直接与侧墙碰撞,对结构造成破坏;同时,侧墙内部都一般布设运营所必需的设备系统,车辆直接碰撞侧墙后也会对内部设备系统造成损害。因此,城市地下道路必须设置防护设施,避免失控车辆与侧墙直接碰撞。从应用来看,当前城市地下道路两侧大多采用混凝土防撞侧石作为防撞设施,具体设置标准可参考《城市道路交通设施设计规范》(GB 50688—2011)的规定。

城市地下道路的主线分流端部应设置防撞垫、防撞桶等防撞设施,防止车辆与分流端部结构发生碰撞。

城市地下道路敞开段通常采用路侧护栏与地面道路分隔,防止地面道路车辆跌入。路侧护栏端部应做安全性处理,避免直接暴露,因为车辆与未经处理的护栏端头碰撞,碰撞角度大、缓冲时间短、加速度大,会对车辆和乘员造成严重危害。护栏端部处理方法较多,一般常用方法有:①采用吸能型端部设计;②护栏端部外展到路侧外;③护栏端部采用埋入式设计;④设置防撞桶。

每种方法都有其各自适用性,建议在设计时应根据实际情况,考虑工程成本,选取合适的处理方法。

五、交通控制及诱导设施

交通信号控制及诱导设施主要包括车辆检测器、交通信号灯、车道指示器、可变信息标志、可变限速标志及交通区域控制单元等外场设备。

1. 交通信号灯

城市地下道路的信号灯应设置在地下道路入口前的绕行通道或横向连接道前,保证车辆在发现信号灯指示地下道路封闭的信息后能够及时采取措施,通过绕行通道驶出主线,或者采用横向连接道驶入对向车道掉头转弯。该处的横向连接道不是地下道路内部的横向连通道,而是在入口前沟通连接左右幅道路。由于城市道路一般采用整体式路基,因此,横向连接道一般就是中央分隔带的开口段。交通信号灯应显示清晰,并保证视认范围,视认范围应根据车速和车道布置情况确定,不存在盲区。

地下道路入口前设置的交通信号灯技术要求应符合下列规定:

①在城市地下道路入口处应设置红、黄、绿组成的交通信号灯,红色灯表示地下道路关闭、禁止驶入;绿色灯表示地下道路正常通行;而左转箭头灯则表示在突发情况下,地下道路关闭,车辆驶入对向车道或采取掉头转弯。交通信号灯可结合城市地下道路入口前的防撞门架设置。

②交通信号灯应显示清晰,尺寸、光学性能等应符合现行国家标准《道路交通信号灯》(GB 14887—2016)的规定。

2. 车道指示器

国外隧道内车道指示器除了绿色箭头灯和红色叉形灯之外还有黄色箭头灯。绿色箭头灯亮时表示本车道准许车辆通行;红色叉形灯亮时表示本车道不准通行,而黄色箭头灯表示前方本车道封闭,提醒驾驶人及时变换车道,让驾驶人有个适应过渡过程,同时也有利于提高车道利用率,如图 5-12 所示。

红色叉形灯

黄色箭头灯

绿色箭头灯

(a) 方形

红色叉形灯

黄色箭头灯

绿色箭头灯

(b) 圆形

图 5-12 车道指示器

车道指示器的设置应符合下列规定:

①应设置在城市地下道路各车道中心线上方,不得侵入道路建筑限界内。

②在城市地下道路内车行横洞处应设一组车道指示器。

③当设置在直线路段时,间距宜为 500m,曲线路段间距宜适当减少。

④车道指示器宜由红色叉形灯及绿色箭头灯组成。

⑤车道指示器尺寸、光学性能等应符合现行国家标准《道路交通信号灯》(GB 14887—2016)的规定,安装位置应位于车道正上方,安装高度应满足地下道路净高要求。

⑥双面显示车道指示器不得同时显示绿色箭头灯。

正常交通运行状况下,车道指示器也可以关闭,在事故、火灾等突发事件或养护等情况下,需要关闭部分车道时必须开启车道指示器。车道指示器的含义可在地下道路入口前通过静态交通标志或 VMS 为驾驶人解释。考虑到城市地下道路空间有限,车道指示标志的布设不得侵入地下道路建筑限界内,若条件受限时,可适当缩小车道指示器标志尺寸,但要保证驾驶人的可读性和识别性。

3. 可变信息标志

可变信息标志的设置应符合下列规定:

①可变信息标志应主要显示地下道路交通状态等交通信息和管理信息。

②可变信息标准宜设置在进入地下道路前或地下道路内分流匝道出口前。

③可变信息标志显示内容应简洁,文字的字体、字高、间距等应保证视认性。

④可变信息标志的颜色应符合《城市道路交通设施设计规范》(GB 50688—2011)的规定。

第六章　常规公交与出租车交通设计

第一节　公交专用道设计

一、公交专用道的定义

公交专用道是指在城市道路、公路及其他特定道路上，使用交通标志、标线或硬质设施分隔（如栅栏、带路缘石的绿化带及道钉等）方法，开辟一条或多条车道作为公共汽车专用道路，在全天或一天中的特定时段内仅供公共汽车使用，禁止其他社会车辆（特殊车辆，如消防车、救护车、警车等除外）在该时段内通行的车道。公交专用道包括公交专用车道和公交专用路。当一条道路所有车道均限定公交专用时，则该路段可定义为公交专用路。此外，公交专用道可分为常规公交专用道和快速公交专用道，本章节主要研究的是常规公交专用道；若无特殊指代，本章公交专用道均指常规公交专用道。

通过对城市道路系统资源的重新分配，合理划分出公交专用道，能够在空间上为公共汽车提供连续专用的道路基础设施，保障公共汽车的道路使用权和优先通行权，在时间上通过相应的分离方法，降低其他车辆对公交车的运行干扰，减少公交延误现象的发生，保证公交运行的可靠性及舒适性，从而提高公共汽车的运行效率和服务质量，缓解城市交通压力。

二、公交专用道设置形式

1. 路段公交专用道

公交专用道按照车道在道路断面上所处的位置，其设置形式主要分为路中型公交专用道、路侧型公交专用道和次路侧型公交专用道。在实际的城市交通设计中，可根据道路条件、公交车流特征及停靠站的横向位置等因素确定公交专用道的设置形式。

（1）路中型公交专用道

路中型公交专用道是指将公交专用道设置在道路中央分隔带相邻的两侧车道上。在设置路中型公交专用道时，可以通过设置隔离护栏等方式将公交专用道和其他车道分离，以保证公交车辆不受沿线进出交通的干扰，是一种理想的公交专用车道方案，路中型公交专用道如图6-1所示。

路中型公交专用道的优点：

①不易受路边停靠车辆的影响。

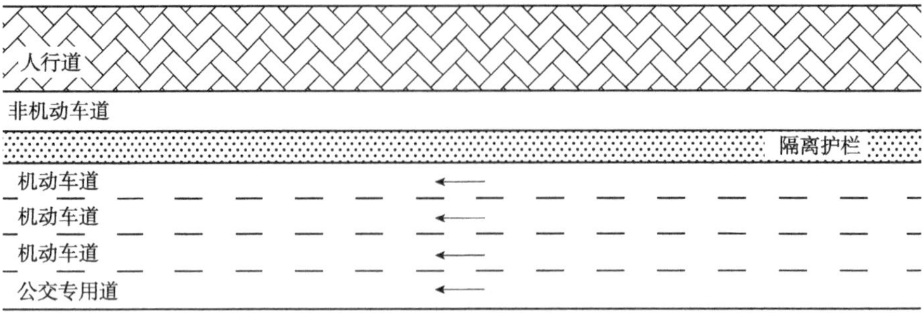

图 6-1 路中型公交专用道示意图

②不受混行车辆的影响(机动车及非机动车)。

③不受路侧支路口进出交通的影响。

④相对于路侧型公交专用道而言,路中型公交专用道运行速度较快,有利于减少公交车辆的路段延误,保证公交车辆运行的可靠性。

路中型公交专用道的缺点:

①不利于设置公交停靠站。由于要在路中设置停靠站,路中型公交专用道对道路宽度的要求较高,为提供充足的乘客候车空间和便于公交车辆停靠,路中型公交专用道的停靠站应尽可能设置于较宽的中央分隔带处(宽度为 3m 以上);在道路不能拓宽增设公交站台的情况下,该类公交专用道适应性较低。

②不利于公交车右转运行。当公交专用车道设置在路中时,前方交叉口需要右转的公交车辆必须从路内侧车道跨越多条车道向外侧移动,容易与直行及右转社会车辆发生交通冲突,一定程度上增加了交通安全隐患。

③乘客出行隐患较大。公交车门为单向车门,设置于车辆右侧,公交车辆在路中型公交专用道停靠时,乘客上下车时必须横向穿越机动车道,增加了安全隐患。为改善乘客上下车的安全性,需要增设过街天桥或地下通道等交通基础设施,增加了公交专用道的成本。

(2)路侧型公交专用道

路侧型公交专用道是指将公交专用道设置在道路外侧机动车道上。路侧型公交专用道是一种普遍采用的公交专用道设置形式,广泛应用于我国各大城市的公交专用车道设置中,路侧型公交专用道如图 6-2 所示。

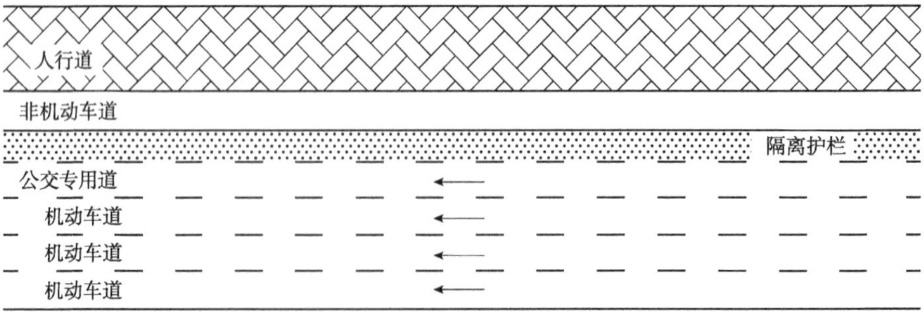

图 6-2 路侧型公交专用道示意图

路侧型公交专用道的优点：

①便于乘客出行。公交车站设置在路侧时，乘客上下车不需要穿越机动车道，公交乘客候车环境较好，符合乘客的出行心理，保障乘客的出行安全。

②便于设置停靠站。公交停靠站一般设置于路外侧的人行道或机非分隔带处，由于空间位置的相似性，路侧型公交专用道便于和公交停靠站设计相结合，发挥公交停靠站方便乘客出行的优势。此外，道路外侧用地更有利于设置港湾式停靠站。

③便于交通组织，减少安全隐患。与路中型公交专用道相比，路侧型公交专用道可以减少与转弯车辆的交通冲突（如右转公交车辆及左转社会车辆等），进而减少道路交通事故的发生。

④便于实施，投资较少。路侧型公交专用道可以充分利用现有停靠站，不需要新建行人过街设施和公交车站；也可以将闲置的非机动车道改造成公交专用道，将原有非机动车道移至人行道上（非机动车流量较小）或相关平行道路上（非机动车流量较大）。

路侧型公交专用道的缺点：

①容易受到路侧干扰。由于路侧出入口或支路口进出车辆需要和专用道上的公交车交织，公交车辆的运行易受到干扰；同时非机动车道与人行道也处于道路的路侧位置，如果不采用物理隔离措施，也容易干扰公交车辆正常运行，进而导致公交车辆延误。

②不利于公交车辆左转运行。当公交专用车道设置在路外侧时，在前方交叉口需要左转的公交车辆必须从外侧专用车道跨越多条车道向内侧移动，这不仅影响社会车辆的运行，而且阻碍了左转公交车的运行。

③不利于其他车辆临时停靠。路侧型公交专用道容易被其他车辆违规占用，为减少对公交车辆运行的干扰，在道路外侧需要限制出租车、私家车临时停靠，不利于出租车停靠站的设置。

（3）次路侧型公交专用道

次路侧型公交专用道是指将公交专用道设置在次外侧车道上，公交专用道两侧都有同方向的社会车道，次路侧型公交专用道是路中型公交专用道和路侧行公交专用道的折中方案，如图6-3所示。

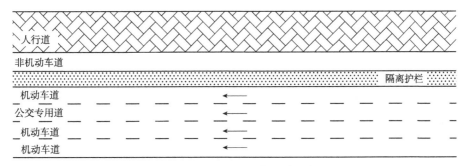

图6-3　次路侧型公交专用道示意图

次路侧型公交专用道的优点：

①不受行人、非机动车及路边临时停车等因素的干扰。

②次路侧型公交专用道可一直延伸到交叉口，减少公交车与社会车辆的交织，便于设

置公交优先通行信号。

③对路幅要求不高，投资较少，便于实施。

次路侧型公交专用道的缺点：

①不利于公交车辆转向。公交车辆在前方交叉口左转或右转时，会与直行社会车辆相互干扰。

②容易受在其他车道运行的社会车辆干扰。次路侧型公交专用道与左右2条车道是不完全隔离的车道，独立性不高，容易受到其他车辆的横向干扰，同时也容易被其他车辆占用。

③不利于公交车辆进站停靠。由于公交停靠站只能设置在路侧或路中央分隔带上，因此在路中间公交专用车道上行驶的公交车辆如果要进站停靠，就必须变换车道，不仅对社会车辆的正常行驶产生干扰，而且会增加公交车辆的延误。

2. 交叉口公交专用道

大量研究表明，公交车辆在交叉口附近受阻严重，因此提高交叉口处的通行效率，有助于减少公交车辆延误和串车现象的发生。交叉口处的公交优先措施主要分为两种：在空间上合理分配道路资源，根据道路通行特点，设置公交车辆专用进口道或回授线；在时间上通过信号控制为公交车辆提供优先通行权。交叉口公交专用道分为交叉口公交专用进口道和交叉口公交专用出口道，公交专用道在交叉口进口道处的设置方法主要分为路中型公交专用进口道、路侧型公交专用进口道、次路侧型公交专用进口道、锯齿型公交专用进口道及回授线共五种。

（1）路中型公交专用进口道

如果路段公交专用车道沿中央分隔带布设，为保证公交车辆行驶的连续性及独立性，减少其他车辆运行对公交车辆的干扰，将路中型公交专用道延伸至进口道，进而在交叉口处设置形成配合路段公交专用道的路中型公交专用进口道，路中型公交专用进口道如图6-4所示。

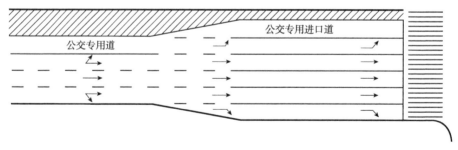

图6-4 路中型公交专用进口道示意图

路中型公交专用进口道的优点：可以保证车辆行驶空间，其独立性高，受行人过街和非机动车影响最小，这种形式的公交专用进口道公交优先效果最明显，公交车速提升最多。一般快速公交常采用路中型公交专用进口道。

路中型公交专用进口道的缺点：

①对公交运行方向存在限制性，公交车辆仅限于直行和左转，如果在交叉口进口道处直行，公交车与左转车冲突较大，需设置禁止其他车辆左转或为其他左转车辆设置相应左转相位。

②右转公交车辆驶离公交专用道时会与公交专用进口道外的其他车辆及行人产生交织冲突。

③在道路空间资源有限且交通量较大的路段不宜设置港湾式停靠站，容易造成公交车辆排队，导致延误现象的发生。

④如果在路中型公交专用进口道处设置停靠站，会增加乘客的步行距离，横穿机动车道存在相应的安全隐患。

（2）路侧型公交专用进口道

如果路段公交专用车道沿路侧布设，为保证公交车辆行驶的平顺性，减少乘客步行距离，降低乘客穿越机动车道所带来的安全隐患，将路侧型公交专用道延伸至交叉口，形成路侧型公交专用进口道，路侧型公交专用进口道如图6-5所示。

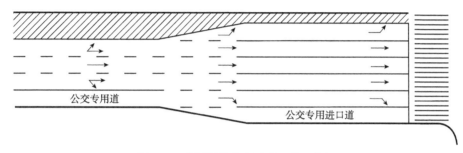

图6-5 路侧型公交专用进口道示意图

路侧型公交专用进口道的优点：

①路侧型公交专用进口道沿道路外侧布设，右转公交车辆不需穿越其他机动车道，有利于减少其他车辆对右转公交车辆的影响。

②在交叉口进口道周边上下车的乘客不必穿越机动车道到达人行道，减少行人过街对机动车行驶的影响，以及道路交通事故的发生。

路侧型公交专用进口道的缺点：

①不利于左转公交车辆行驶，左转公交车辆驶离会与机动车道上的车辆产生交通冲突，降低交叉口车辆通行效率，存在一定的安全隐患，不适用于左转车辆较多的交叉口。

②不利于社会车辆右转行驶，如果不增加右转相位，直行公交车辆会与右转社会车辆发生冲突，对车辆通行产生影响；如果增加右转相位，会对交叉口通行能力造成影响，降低交叉口的通行效率。

（3）次路侧型公交专用进口道

次路侧型公交专用进口道是为配合次路侧型公交专用道，将次外侧车辆进口道设置成公交专用进口道，适用于公交车流量较大及公交通行效率低于其他车辆的交叉口。此种形式的公交专用进口道在国内应用较为广泛，次路侧型公交专用进口道如图6-6所示。

次路侧型公交专用进口道的优点：直行公交车辆通过交叉口不会与转向的其他社会车辆发生交通冲突，能够适应车流量较大的情况，且不需要改变现有交叉口相位设置即可保证公交车辆的通行效率。

次路侧型公交专用进口道的缺点：次路侧型公交专用进口道可能会占用较多的道路资源，转向的公交车辆容易在公交专用进口道处发生堵塞。

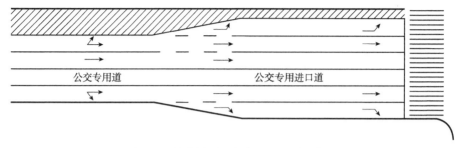

图 6-6　次路侧型公交专用进口道示意图

(4) 锯齿型公交专用进口道

如果公交车流量较大时，公交车无法在一个信号周期内通过交叉口，锯齿型公交专用进口道(分为全部锯齿型和部分锯齿型)可将在红灯期间到达交叉口的公交车辆优先分布于各进口道等待通行信号。具体设置形式为在进口道通行区域内设置两条停车线，前一停车线为公交车停车线，后一停车线为社会车辆停车线，并对两条停车线分别设置相应的信号灯，锯齿型公交专用进口道如图 6-7 所示。

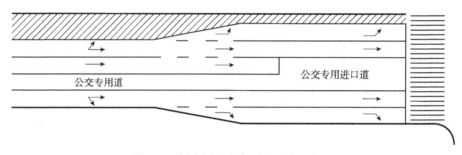

图 6-7　锯齿型公交专用进口道示意图

锯齿型公交专用进口道的优点：锯齿型公交专用进口道可以为公交车提供多条进口道，使得公交车在绿灯时间内可以优先通过交叉口，可增设预信号车道灯，通过预先信号控制社会车辆的通行，从时间上和空间上保证公交车辆享有优先通行权，减少公交车延误现象的发生，增加交叉口处公交车单位时间的通过量。

锯齿型公交专用进口道的缺点：占用的机动车车道数较多，如果公交车流量较小导致候驶区闲置，而其他机动车进口道排队长度过长，会造成交叉口进口道道路资源分配不均衡，导致交叉口通行能力下降，需要平衡公交车辆优先与社会车辆延误的关系。

(5) 回授线设计

将公交专用道延伸到交叉口停车线，容易造成右转车辆与公交专用道上的公交车辆交织(当公交专用道沿外侧设置并延伸到交叉口时会出现该现象)和公交专用进口道排队车辆较少、其他机动车进口道社会车辆排队较长两个问题。为解决上述两个问题，采取设计回授线的公交进口道设置形式，具体表现为公交专用道在距离交叉口停车线前一段距离中止，此距离也称为回授线距离，回授线设计示意如图 6-8 所示。

回授线设计形式的优点：充分利用了交叉口的时间和空间资源，可最大程度地发挥交叉口的通行能力。

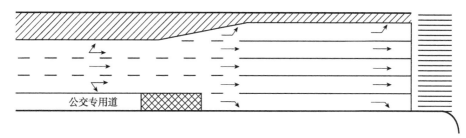

图 6-8　回授线设计示意图

回授线设计形式的缺点：回授线区域是混行车道，因此不利于保障公交优先通行；此外，在交叉口进口道处直行公交车会阻挡右转社会车辆通行，导致右转车辆延误增加。

三、公交专用道设置原则

1. 路段公交专用道设置原则

设置公交专用道可以在有限的城市道路空间中给常规公交车辆提供优先通行的权利，在吸引个体交通转移到公交的同时，也能有效缓解道路交通的拥挤状况，但实施公交优先通行需要重新分配道路空间资源，将在短期内牺牲其他车辆的通行权利。因此公交专用道的设置必须遵循公平、效益及可行性原则，从而保证其科学性、合理性。

①公平性原则。即应综合考虑道路上公交车和社会车辆的交通量、客流量及其各自的外部性因素（交通拥堵、尾气排放和交通安全等）。

②效益性原则。即设置公交专用道后对道路交通的正效益要大于负效益。如果道路饱和度较高，其他车辆对公交车干扰严重并导致公交车速度过低，则需设置公交专用道，以保证公交车辆基本的运送速度，但要考虑专用道上公交车的数量和客运量，避免道路资源的浪费。

③可行性原则。设置公交专用道时要满足基本的道路设施条件，包括机动车道数、非机动车道形式、车道隔离方式、停靠站形式与位置、路段两端交叉口的状况、路段两侧开口数等。

2. 交叉口公交专用道设置原则

交叉口公交专用道通常在建成区交通流量较大的主要交叉口设置。在城市现有道路交叉口设置公交专用道不同于新建道路交叉口，应综合考虑公交优先需求与设置可能性，协调各方面的关系，并遵循如下原则：

①在保障公交优先通行的同时，不对社会车辆产生大的影响。
②尽可能提高交叉口的通行能力，保障交叉口通行顺畅。
③尽量在交叉口为公交车辆提供或预留出优先通行空间。
④充分利用现有道路设施，降低改造工程量，避免大拆大建。
⑤将交叉口公交专用道设计与单位出入口、行人过街等交通组织优化相结合。

3. 城市公交专用道的设置原则（以北京市为例）

北京市《公交专用车道设置规范》（DB11/T 1163—2015）以公交规划理论为基础结合实践设计，从网络化、多层次、高效、优先及安全等角度出发，简要阐述了北京市公交专用道的设计原则，具体如下：

①应连续成网,应延伸至交叉口停止线。
②各等级道路均可设置。
③应按照实际客流需求、规划或预测客流需求设置,重点设置在公交运送速度低的路段。
④设置形式、设置方法应保证专用车道使用安全。

四、公交专用道设计方法及条件

1. 路段公交专用道设计方法

实施公交优先通行需要重新分配城市道路资源,公交专用道的设置受到路幅宽度、道路横断面形式等道路条件的制约,设计公交专用道应考虑包括道路类型、车道数、路段长度及车道宽度在内的道路几何条件,由于公交优先通行将在短期内牺牲其他社会车辆的通行权利,为避免出现道路空间分配不合理的情况,达到吸引个体交通转移到公共交通的目的,设计公交专用道时还需考虑公交车流量、公交平均载客量及道路饱和度等交通条件。根据上述不同影响因素,我国制定了路段公交专用道相关设计标准。

(1)公交专用道设置条件

①公安部《公交专用车道设置标准》(GA 507—2004)。为保证公交专用道设计的科学性及公平性,中华人民共和国公安部根据不同的道路设施情况及客流条件,将公交专用车道设置条件分为应设置公交专用车道的条件与宜设置公交专用车道的条件两种。

应设置公交专用车道的条件:交通条件为路段单向公交客运量大于 6000 人次/高峰小时,或公交车流量大于 150 辆/高峰小时,路段平均每车道断面流量大于 500 辆/高峰小时;道路几何条件为路段单向机动车道三车道以上(含三车道)或单向机动车道路幅总宽不小于 11m。

宜设置公交专用车道的条件:交通条件为路段单向机动车道四车道以上(含四车道),断面单向公交车大于 90 辆/高峰小时;路段单向机动车道三车道,单向公交客运量大于 4000 人次/高峰小时,且公交车流量大于 100 辆/高峰小时;路段单向机动车道双车道,单向公交客运量大于 6000 人次/高峰小时,且公交车流量大于 150 辆/高峰小时。

②北京市《公交专用车道设置规范》(DB11/T 1163—2015)。北京市质量技术监督局根据不同的道路设施情况及客流条件,按照道路等级将公交专用车道设置条件分为城市快速路公交专用车道设置条件与除城市快速路以外的其他城市道路及公路公交专用车道设置条件两种。

城市快速路公交专用车道设置条件:交通条件为公交运送速度不大于 40km/h,或公交断面客流量不小于 4000 人次/h,或公交车流量不小于 150 辆/h,或单向四车道路段公交客流在通道客流中所占比例不小于 25%,单向三车道路段公交客流在通道客流中所占比例不小于 30%;道路几何条件为单向机动车三车道以上(含三车道)。

除城市快速路以外的其他城市道路及公路公交专用车道设置条件:交通条件为公交运送速度不大于 20km/h,或公交断面客流量不小于 1500 人次/h,或公交车流量不小于 60 辆/h,或单向四车道路段公交客流在通道客流中所占比例不小于 30%,单向三车道路段公交客流在通道客流中所占比例不小于 50%;道路几何条件为单向机动车双车道以上(含双车道)。

③上海市《公交专用道系统设计规范》（DG/TJ 08—2172—2015）。上海市交通委员会根据不同的道路设施情况及客流条件，将公交专用车道设置条件分为应设置公交专用车道的条件与宜设置公交专用车道的条件两种。

应设置公交专用车道的条件：当路段单向机动车道为三车道及以上时，高峰单向断面公交客流量不小于4000人次/h，或公交车流量不小于90辆/h；当路段单向机动车道为双车道，高峰单向断面公交客流量不小于3000人次/h，或公交车流量不小于70辆/h。

宜设置公交专用车道的条件：当路段单向机动车道为三车道及以上时，预测3年内高峰单向断面客流量不小于4000人次/h，或公交车流量不小于90辆/h时；当路段单向机动车道为三车道及以上时，高峰单向断面公交客流量不小于3000人次/h或公交车流量不小于70辆/h。

机动车单行路段满足下列全部条件时，宜设置逆向式公交专用道：当前道路为生活性道路，路段机动车道为三车道及以上，同时路段逆向高峰单向断面公交客流量不小于3000人次/h或公交车流量不小于70辆/h。逆向式公交专用道设计示意如图6-9所示。（注：目前逆向式公交专用道应用于上海、长春等城市，应用城市较少，对道路条件要求比较严格，需要管理部门指挥并组织交通运行）

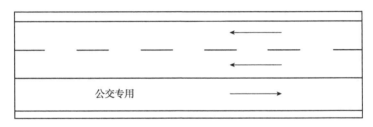

图6-9 逆向式公交专用道设计示意图

(2)各类路段公交专用道适用条件

①路中型公交专用道的适用条件。路中型公交专用道对城市道路条件的要求较高，适用于道路交叉口间距较大、道路较宽、道路两侧有较多车流频繁进出或临时停车等特点的改建或新建主干路；道路中间有较宽的物理分隔带，以便于将公交停靠站设置在道路中央分隔带上。

②路侧型公交专用道的适用条件。路侧型公交专用道适用于投资资金较少、路侧机动车进出口和出租车停靠站均较少，前方交叉口右转或直行的公交车流量较大及机动车与非机动车物理隔离设施较为完善的情况。

③次路侧型公交专用道的适用条件。次路侧型公交专用道适用于资金较少、非机动车较多且隔离设施不完善(无物理隔离设施)、交叉口直行公交车流量较大的情况。为减少路中公交专用道对社会车辆行驶阻隔的影响，通常需要在路段起始点上，通过交通标志提示社会车辆分道行驶。

(3)公交专用道设计要求

①车道宽度。一般公交专用车道的宽度为3.5m，交叉口处由于速度低，宽度视具体情况可略微减小。

②路段长度。为保证设置公交专用道前后公交车行驶状况有明显改善，设置公交专用道的路段要有足够的长度。以公交专用道上预期公交车速度20km/h、公交车在专用道上

行驶时间不少于 15min 计算，设置公交专用道的路段应大于 5km。对于道路瓶颈段或特别拥堵的路段，如设置公交专用道能明显减少公交车的行程时间，则不受路段长度的限制。

2. 交叉口公交专用道设计方法

（1）设计交叉口公交专用道的影响因素

路中型公交专用进口道有利于左转和直行公交线路的通行，路侧及次路侧型公交专用进口道则有利于右转和直行公交线路的通行，但易与右转社会车辆存在交织，需要辅以相应的信号控制措施。因此公交专用进口道设计需要考虑如下因素：

①公交车辆占有一定的比例。当总流量为 1100~2500veh/h、进口道公交车比例在 20%~30%时，应设公交专用进口道。

②公交车辆行驶轨迹平顺。若路段设置公交专用车道，为使公交车辆行驶轨迹平顺，最好将专用道顺延到交叉口，这样也有益于提高公交车辆通过交叉口的效率。

③交叉口人均通行效益。当道路资源有限，若设置公交专用进口道对其他车辆通行效益影响过大，导致整个路口人均通行效益下降，则不宜设置公交专用进口道。

（2）交叉口公交专用进口道的设计标准

①《城市道路交叉口设计规程》（CJJ 152—2010）。住房和城乡建设部发布的《城市道路交叉口设计规程》中，根据右转车流量及相邻交叉口间距，对交叉口公交专用进口道及相关道路的设计做了如下规定：

当无右转机动车流时，公交专用车道可直接设置至停止线，设置形成路侧型公交专用进口道。当有右转机动车流且流量不大时，公交专用车道设置延伸到进口道右转车道末段的交织段后，交织段长度宜大于 40m。右转车辆受信号灯控制时，右转车道长度不应小于右转车辆最大排队长度加上交织段长度。无车流量资料时，右转车道长度应大于 50m。

当右转车流较大时，公交专用车道可布设在右转车道左侧并直接设置至停止线，形成次路侧型公交专用进口道。

②《上海市城市道路平面交叉口规划与设计规程》（DGJ 08—96—2013）。上海市城乡建设和交通委员会公布的《上海市城市道路平面交叉口规划与设计规程》对公交专用进口道设置做了如下规定：

公交专用进口道的设置形式有多种，应结合实际交通条件和道路条件设计成相应形式。

公交专用车道的设置可以视情况因地制宜地在部分路段、进出口道灵活设置，也可以分时段设置，并非必须是全线连续。公交专用进口道通常以直行公交车为主，当转向公交车在公交流量中占较大比例时，交叉口应增加公交转向优先车道，以提高公交车的通过能力。转向优先车道指在高峰时间对公交车的优先，其他机动车也可使用该车道，但应在公交车后排队等候。

在机动车道外侧的公交专用出口道起点的设置，应考虑相交道路右转车辆进入非公交专用车道所需的行驶距离，右转车辆行驶距离随交叉口尺寸的变化而变化，在实际确定起点位置时可根据交叉口尺寸设定。交叉口出口道公交专用车道的起点由两部分组成，如图 6-10 所示。一部分是相交道路进口道驶入的右转车辆变换车道所需的距离，另一部分是交织段长度。进口道至变换车道的距离 L 应不小于 30m，一般可取 30~50m，交织段长度宜取 40m。若两路口间路段长度较短（不足 150m），可不设公交专用车道。

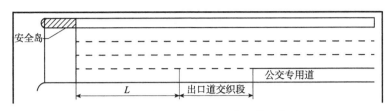

图 6-10 交叉口公交专用出口道示意图

③《公交专用车道设置规范》(DB11/T 1163—2015)。北京市质量技术监督局发布的《公交专用车道设置规范》对公交专用道延伸至交叉口的情况做了如下规定：

在路段设置公交专用车道的交叉口进口道，应根据道路条件及车流情况设置公交专用导向车道。

对无法单独设置公交专用导向车道的路口，可设置公交车与其他车辆共用路口导向车道。

在进口道公交专用道外侧设置有导向车道时，应在允许转向车辆变道的公交专用道上施划借道区，借道区设置宽度宜为 3m，可根据路段公交车道及相对应的导向车道宽度适当调整。借道区设置长度根据道路情况确定，应大于 30m。

(3) 公交专用进口道的设置条件

车辆在交叉口的延误与进口道的饱和度成正比。因此，设置公交专用进口道之后，公交专用进口道上的饱和度必须小于等于同流向社会车辆进口道的饱和度，否则会增大公交车辆的延误。假设信号周期中的某个进口有 N 条进口车道，其中 N_b 条车道设置为公交专用进口道，剩下的 N_s 条车道作为社会车辆的进口道。该进口总的车辆到达率为 Q（单位：pcu/s），其中公交车辆与社会车辆的到达率分别为 Q_b（单位：pcu/s）和 Q_s（单位：pcu/s），则有：

$$N = N_b + N_s \tag{6-1}$$
$$Q = Q_b + Q_s \tag{6-2}$$

要使公交专用进口道上的饱和度不大于同流向社会车辆进口道的饱和度，则：

$$\frac{Q_s}{N_s} \geq \frac{Q}{N} \geq \frac{Q_b}{N_b} \tag{6-3}$$

设置公交专用进口道可减少公交车辆在交叉口的延误，但容易对社会车辆正常通行和换道行为产生影响。如果不充分考虑道路因素和交通量因素，公交专用进口道的设置会降低社会车辆的进口道通行能力，容易导致社会车辆阻塞而不能通过交叉口；同时公交车辆与社会车辆在变换车道时，容易出现拥挤和紊乱，导致行车速度降低，增加社会车辆的延误。因此，交叉口在设置公交专用进口道之前，应充分考虑道路条件及交通流特点，尽量减少对车流的干扰因素，以保证车辆的正常运行。具体地说，公交专用进口道的设置条件包括道路条件和交通量条件。

①道路条件。在没有转向限制的情况下，一个交叉口可以有左、直、右三个进口方向。如果需要在某一道路进口方向设置公交专用进口道，该方向必须有两个或两个以上的进口车道，也就是说，在设置公交专用进口道之后，该进口方向还必须有剩余进口道供社会车辆使用。

②交通量条件。公交车占总流量的比例应达到一定的标准，高峰小时公交车的流量应达到 90 辆以上。另外，当交叉口交通量接近饱和时，不宜设置公交专用进口道。因为设置公

交专用进口道之后，交通需求将按社会车辆进口道和公交车辆进口道重新分布，车道饱和度也随之变化。因此，如果在设置公交专用进口道之前，交叉口交通量已接近饱和时，设置公交专用进口道很可能会使得某个进口道出现过饱和状态，导致交叉口交通严重阻塞。

为提高交叉口的利用效率，应该在左、直、右三个方向中选择公交车到达率最高的方向来设置公交专用进口道。当然，如果道路和交通量条件许可的情况下，交叉口的一个入口可同时在左、直、右三个进口方向设置公交专用进口道。

3. 公交专用道的设计流程

公交专用道的设计流程如图6-11所示。

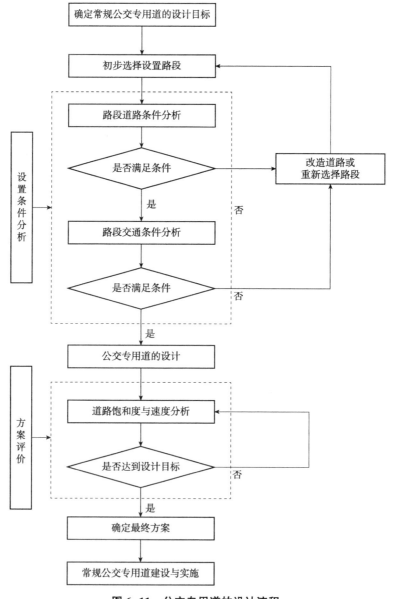

图 6-11 公交专用道的设计流程

第一阶段：确定公交专用道的设计目标。包括公交专用道服务水平与运行效率、道路上其他车辆可以容忍的饱和度等。

第二阶段：设置条件分析。根据客流需求、路网条件、城市交通政策等初步确定公交专用道设计网络。

第三阶段：方案评价。包括道路、交通条件的综合分析，道路改善与交通设计方案及建设成本与效益评价。公交专用道设计方案还包括重新计算路段其他车道和公交专用车道的运行指标，如果不满足目标要求，则需要重新设计方案。

第四阶段：确定最终方案。包括专用道的车道布设、专用道在交叉口进出口的设计、特殊路段处理、公交站点布设、交通标志标线设计、交通信号优化及其他配套设施设计。

第二节 常规公交与出租车停靠站设计

停靠站作为公交线网中的节点，是公交车辆停靠及乘客候车、换乘、上下车的重要场所，其设计的合理性将直接影响公交服务水平的优劣和线网运行的效能。本节主要从停靠站选址方法、停靠站类型选择及停靠站规模设计三个方面介绍常规公交停靠站与出租车停靠站的设计。

一、常规公交停靠站选址方法

1. 选址原则

常规公交停靠站的位置主要是由沿线居住区、购物中心、体育馆、主要办公建筑及学校等出行产生和吸引点的出行需求所决定。在进行停靠站具体位置选择时均应充分考虑客流需求、可达性、停靠站附近的交通状况及信号控制等因素，其位置选择的原则如下：

①常规公交停靠站应结合服务半径和客流需求均匀分布，且数量不宜过多。

②交叉口是客流的集散地，停靠站可建于交叉口附近，与交叉口的过街设施进行一体化设计。

③停靠站应与沿线的其他交通方式合理衔接以方便换乘。

④尽量缩短乘客步行至停靠站的距离，并且在两条或两条以上公交线路的交叉点上，停靠站应设置在使换乘乘客步行距离最短的地方。

⑤停靠站的位置必须使常规公交车辆与其他车辆或行人之间的干扰或冲突最小，因此在选择站台外置时必须考虑附近的交通状况及两侧进出口分布，尤其是要考虑常规公交车辆与转弯车辆所发生的冲突、公交车辆重新并入车流的能力等。

⑥划设公交专用道的公交线路在交叉口必须进行转向操作时，停靠站宜设置在转向后道路的出口道上。

⑦当路段上所有交叉口采用联控信号时，常规公交停靠站在交叉口进口道与出口道交替设置可以有效减少公交车辆运行产生的延误。

2. 选址流程

公交停靠站的位置由横向位置和纵向位置综合决定，在选址时，首先应确定横向位置，然后确定纵向位置。公交停靠站的横向位置选择主要是由其在道路横断面上的位置决

定的,可位于道路中间、道路内侧、道路外侧。公交停靠站的纵向位置选择受很多因素影响,比较复杂,可分两步进行:

①确定公交停靠站的点位。在满足公交停靠站站距要求的前提下,综合考虑路段沿线客流分布、路段交通流特征、交通管理方式以及公交专用道的不同形式,确定公交停靠站是布设在路段还是交叉口。若布设在交叉口附近合适,然后再考虑对交通流的影响程度、交通安全以及道路条件的限制,确定公交停靠站是设置在交叉口上游还是交叉口下游。

②确定公交停靠站的具体位置。确定公交停靠站的点位后,对于布设在路段的公交停靠站,主要根据乘客乘车的步行距离来确定公交停靠站的具体位置。对于设置在交叉口的公交停靠站,不仅要考虑乘客乘车的步行距离,而且要满足公交停靠站距交叉口停车线最短距离的限制,综合确定公交停靠站的具体位置。公交停靠站选址的具体流程如图6-12所示。

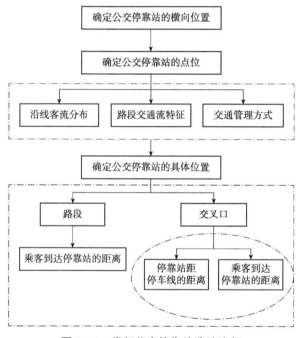

图6-12 常规公交停靠站选址流程

3. 选址标准

当常规公交停靠站设置在交叉口上游时,停靠站选址应满足以下规定:在道路展宽增加车道的情况下,公交停靠站应设在展宽车道分岔点之后至少15~20m处,并在展宽车道长度之上增加一个公交站台长度,且做一体化处理;无展宽时,公交停靠站位置应在外侧车道最大排队长度之后15~20m处,站台长度基于实际停靠需求确定;对于新建交叉口且设非港湾公交停靠站的情况,主干路上停靠站距停车线至少100m,次干路至少70m,支路至少50m。

当常规公交停靠站设置在交叉口下游时,停靠站选址按以下原则:出于安全考虑,无信号控制交叉口下游的公交停靠站必须在视距三角形之外;为减少公交车对其他车辆的影响,当下游外侧展宽增加车道时,公交停靠站应设在外侧车道分岔点向前至少15~20m

处，并做一体化设计；对于新建交叉口且设非港湾公交停靠站的情况，主干路、次干路和支路上停靠站位置离开上游横道线的距离至少分别为80m、50m和30m。常规公交停靠站位置选择标准见表6-1。

表6-1 常规公交停靠站位置选择标准

标准		选择方案			
		交叉口下游	交叉口上游	路段中	
				远离人行横道	靠近人行横道
安全	乘客的活动安全	√		√	
	公共汽车行驶安全	√		√	
车辆营运	方便行人活动		√		√
	方便公共汽车转弯	√	√		
	公共汽车与其他机动车冲突小	√		√	√
对交通流的影响	公交车红灯右转对交通影响小			√	
对毗邻土地使用与发展的影响	商业活动	√	√	√	√
	土地利用	√	√	√	√

二、常规公交停靠站类型选择

根据公交停靠站的所处位置、设置方法及站台形式，公交停靠站具有三种不同的分类方法。

1. 根据所处位置分类

(1) 交叉口上游公交停靠站

交叉口上游公交停靠站指设置在交叉口上游区域进口道的公交停靠站，又被称为近端公交停靠站(near-side bus stops，NS)。对于交叉口上游停靠站，公交车辆进出站点受交叉口信号灯和进口道机动车辆排队长度的影响与控制。

(2) 交叉口下游公交停靠站

交叉口下游公交停靠站指设置在交叉口下游区域出口道的公交停靠站，又被称为远端公交停靠站(far-side bus stops，FS)。

(3) 路段公交停靠站

路段公交停靠站指设置在两个交叉口之间，公交车辆运行、停靠不受交叉口影响的纯路段的公交停靠站，又被称为中端公交停靠站(mid-block bus stops，MS)。

在保证公交线路站点平均站距最优的基础上，某一个公交站点的具体定位是有较大弹性的。不同位置的公交停靠站具有不同的特点，例如，位于交叉口附近的公交停靠站在减少乘客公交换乘距离的同时会加剧交叉口的瓶颈效应。

2. 根据设置方法分类

(1) 路侧型公交停靠站

路侧型公交停靠站是指沿城市道路人行道或机非分隔带设置的公交停靠站，如图6-13

所示。对于三块板和四块板的道路且机非分隔带宽度满足条件时，可将公交停靠站站台设置在机非分隔带上，这是我国最常见的一种设站形式。当不存在机非分隔带或机非分隔带宽度不满足条件时，可将公交停靠站站台设置在人行道上，对于这种形式的公交站，公交停靠要占用和穿过非机动车道，容易对非机动车产生干扰。

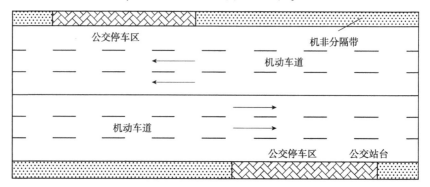

图 6-13　路侧型公交停靠站示意图

(2) 路中型公交停靠站

路中型公交停靠站是指，当沿中央分隔带在城市道路每个方向内侧车道设置公交专用车道时，为避免公交车辆进出路外侧公交停靠站时变换过多车道而沿公交专用车道设置的公交停靠站，如图 6-14 所示。

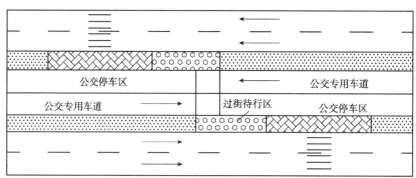

图 6-14　路中型公交停靠站示意图

对于两块板和四块板的道路且中央分隔带宽度满足条件时，可将公交停靠站站台设置在中央分隔带上；当未设置中央分隔带或中央分隔带宽度不足时，可在路中型公交专用车道右侧设置停靠站。

3. 根据站台形式分类

根据公交停靠站站台形式的不同，公交停靠站可以分为直线式公交停靠站和港湾式公交停靠站两类。

(1) 直线式公交停靠站

直线式公交停靠站是传统的公交停靠站设置方式，它直接将公交停车区设置在机动车道上。因此，当公交车辆停靠时就容易形成交通瓶颈路段，对社会车辆的正常行驶和公交车辆的超车产生很大影响，当路段机动车饱和度较大时甚至会造成交通阻塞。因此，直线式公交停靠站一般适用于道路不易拓宽且机动车饱和度不大的路段。

(2)港湾式公交停靠站

港湾式公交停靠站是指在公交停靠处将道路适当拓宽，公交车辆的停靠位置设置在正常行驶的车道之外，以减少公交车辆停靠时形成的交通瓶颈对社会车辆和后到先走的公交车辆超车的影响，保证路段车辆的正常运行。这种形式的停靠站通常需要占用人行道或非机动车道，因此只能在用地条件满足要求的路段才可设置。港湾式停靠站的设置通常可以采用以下四种方法。

①全港湾式公交停靠站。机动车道在公交停靠站处没有弯曲，公交停靠区没有占用机动车道，而只是向外侧拓宽挤占机非分隔带或将非机动车道与人行道进行局部弯曲而形成港湾区，如图 6-15 所示。全港湾式公交停靠站完全没有改变原有机动车道的宽度和走向，公交车辆进站停靠对后续车辆影响很小，是一种比较彻底的港湾式停靠站，适用于道路两侧用地宽裕的路段。

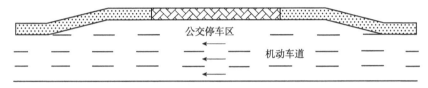

图 6-15　全港湾式公交停靠站示意图

②半港湾式公交停靠站。机动车道在公交停靠站处部分弯曲，公交停靠区占用部分机动车道，同时部分向外侧拓宽挤占机非分隔带或将非机动车道与人行道进行局部弯曲而形成港湾区，如图 6-16 所示。半港湾式公交停靠站较小程度改变原有机动车道的宽度和走向，公交车辆进站停靠对后续车辆有一定影响，是一种不彻底的港湾式停靠站。在我国许多城市的中心区，由于早期道路交通规划没有考虑公交港湾式停靠站的建设用地，往往难以建设全港湾式公交停靠站，可以考虑建设半港湾式公交停靠站。

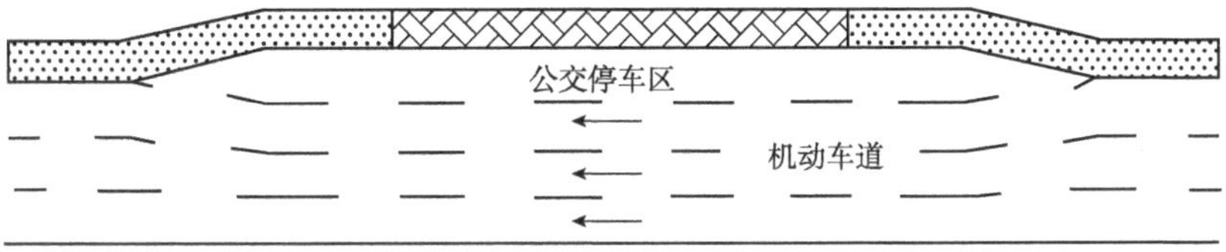

图 6-16　半港湾式公交停靠站示意图

③虚拟港湾式公交停靠站。机动车道在公交停靠站处弯曲严重，公交停靠区不向外侧拓宽挤占机非分隔带或将非机动车道与人行道进行局部弯曲，而完全占用机动车道形成港湾区，如图 6-17 所示。虚拟港湾式公交停靠站很大程度上改变了原有机动车道的宽度和走向，公交车辆进站停靠对后续车辆有较大影响，是一种近似直线式的港湾式停靠站。在机非分隔带宽度不足且道路不易拓宽处，可以考虑建设虚拟港湾式公交停靠站。

图 6-17　虚拟港湾式公交停靠站示意图

④多港湾式公交停靠站。多港湾式停靠站(通常以双港湾式公交停靠站为主)是指对公交线路进行一定的分组,从空间上对公交停靠泊位横向拉开或纵向拉开,且规定各条公交线路的停车位置,如图 6-18 所示。多港湾式公交停靠站适用于公交线路较多的城市主干路、机非分隔带宽度、非机动车道或人行道宽度比较富裕的情况,允许压缩机非分隔带、非机动车道和人行道宽度进行设站。

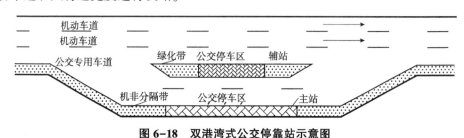

图 6-18 双港湾式公交停靠站示意图

三、常规公交停靠站规模设计

1. 公交停靠站站长设计

公交停靠站形式按其几何形状可分为直线式和港湾式。

(1) 直线式公交停靠站的站长设计

直线式公交停靠站是最简单的公交停靠站形式,站台处不提供超车道,公交车辆在站台处实行先到先进站先行的原则,停靠公交车只需保持与前车的安全停靠距离就能顺利停靠。直线式公交停靠站的站长指站台长度,可以通过计算单个泊位的长度来计算。如图 6-19 所示,直线式公交停靠站单个泊位的长度为 L_1,包括公交车本身的长度 l_b 及两辆停靠公交车之间的安全停车间距 b_{safe}(一般取 2.5m),而站台的长度则应是 n 个泊位长度之和再减去 1 个安全停车间距。由此可得出直线式公交停靠站站长的计算公式,即:

$$L = nL_1 \cdot -b_{safe} = nl_b + (n-1)b_{safe} \tag{6-4}$$

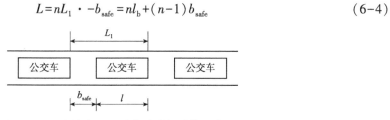

图 6-19 直线式公交停靠站站长计算示意图

由此可得,不同泊位数直线式公交停靠站的站长计算结果见表 6-2。

表 6-2 直线式公交停靠站的站长建议值

泊位数	1	2	3
站台长度(m)	12	26.5	41

注:公交车长度取 12m。

(2) 港湾式公交停靠站的站长设计

标准的港湾式公交停靠站应该由驶入渐变段、减速段、停靠区域、加速段和驶出渐变段五部分组成,如图 6-20 所示。

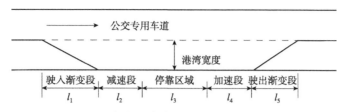

图 6-20　标准港湾式公交停靠站组成示意图

①驶入、驶出渐变段长度设计。对于路侧型公交专用车道，公交停靠站沿机非分隔带或人行道设置，公交车以一定的转弯半径进站和出站。公交车在驶入渐变段和驶出渐变段的运行轨迹分别如图 6-21、图 6-22 所示。

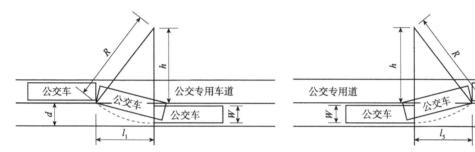

图 6-21　公交车在驶入渐变段的运行轨迹示意图　　**图 6-22　公交车在驶出渐变段的运行轨迹示意图**

由几何关系可知，驶入渐变段长度的计算公式为：

$$l_1 = \sqrt{R^2 - h^2} = \sqrt{R^2 - (R - W - \frac{d - w^2}{2})} \tag{6-5}$$

式中：R——车辆进站时的转弯半径，m，一般 12m 长的公交车的转弯半径为 13~15.5m，建议取 15m，18m 长的铰接式公交车取 13.5m；

　　　d——港湾的宽度，m；

　　　W——公交车的宽度，m，一般取 2.5m。

驶出渐变段长度的计算方法和驶入渐变段的计算方法相同。当路段设计速度小于 40km/h 时，车道宽度为 3.5m，因此公交停靠站港湾的宽度应该取 3.5m。

以 12m 长的公交车为例，港湾宽度取 3.5m，公交车宽度取 2.5m，则驶入渐变段和驶出渐变段的长度均为 9m，这是最小值。一般情况下，驶入和驶出渐变段的长度应大于 9m，在道路条件十分紧张的情况下，可以取 9m。

②加速及减速段长度设计。目前，我国大部分港湾式停靠站没有考虑加、减速段的设计，使得公交车辆不得不在进入港湾之前减速和驶出港湾以后加速，减速和加速过程完全在公交专用车道上完成。这必然会对其他公交车的运行造成很大干扰。因此，在道路条件允许时，建议港湾式公交停靠站设置加、减速段。

公交车在接近停靠站时已经开始减速，并不是到了停靠站才开始减速，公交车在到达停靠站时的速度已经降到了比较低的水平，因此港湾式停靠站的减速段不是供公交车从路段行驶车速减速到零，而是供速度已经比较低的公交车减速到零使用的。同样，加速度段也是供公交车从零加速到比较低的车速，而不是加速到路段行驶车速，从而达到减少对其他车辆影响的效果。

减速段的长度 l_2 为：

$$l_2 = \frac{v_d^2}{2a_d} \tag{6-6}$$

式中：v_d——公交车进站前的速度，m/s；

a_d——减速度，m/s²，一般取 1.5m/s²。

加速度段的长度 l_4 可由下式计算，即：

$$l_4 = \frac{v_a^2}{2a_a} \tag{6-7}$$

式中：v_a——公交车出站前的速度，m/s；

a_a——加速度，m/s²，一般取 1m/s²。

(3) 停靠区域长度设计

港湾式公交停靠站停靠区域的长度 l_3 可以按照直线式公交停靠站的站长设计，即：

$$l_3 = nl_b + (n-1)b_{safe} \tag{6-8}$$

式中：n——停靠站的泊位数；

l_b——公交车的长度，m；

b_{safe}——两辆停靠公交车之间的安全停车间距，m，一般取 2.5m。

以 12m 长的公交车，2 个停靠泊位数为例，根据前面的分析，得到不同公交车运行速度情况下港湾式公交停靠站的长度，见表6-3。

表6-3 港湾式公交停靠站站长推荐值

进站前（或出站后）的速度（km/h）	10	20	30	40
驶入渐变段的长度（m）	9	12	17	20
减速段长度（m）	3	10	23	41
停靠区域长度（m）	26.5	26.5	26.5	26.5
加速段长度（m）	4	15	35	62
驶出渐变段长度（m）	9	12	17	20
港湾式停靠站的站长（m）	51.5	75.5	118.5	169.5

2. 站台宽度设计

公交停靠站站台候车区最小宽度一般取 2m，改建及综合治理交叉口，当条件受限制时，最小宽度不应小于 1.25m。下面为公交停靠站站台宽度的具体计算。

站台宽度由两部分组成，即乘客候车区宽度 b_w 和站台两侧边缘安全带宽 b_1（一般取 0.4m）。由此可得，站台宽度的计算公式，即：

$$B = b_w + 2b_1 \tag{6-9}$$

由式(6-9)可知，站台宽度主要由候车区宽度决定。乘客候车区的宽度应根据车站候车人数、站台人流分布特征，以及各泊位停靠的线路数等因素来确定。

四、出租车停靠站设计

1. 出租车停靠站选址方法

(1) 选址原则

我国现行的城市道路设计规范中都有关于出租车停靠站点选址规划的规定,均要求在出租车客流量较多的地段设置出租车停靠站。出租车停靠站选址应满足实际出租车乘客的出行需求,结合出租车停靠站选址影响因素对其进行合理布设,即以规划目标或者相关出行特征指标为依据,确定出租车停靠站选址方案和站点形式。城市出租车停靠站选址的一般原则主要包含以下内容:

①在相关法律法规所规定的禁止机动车临时停靠区域内,不宜设置出租车停靠站。

②优先在大型商业、休闲娱乐、医院、中小学、交通枢纽等客流量较大的建筑物的出入口附近设置出租车停靠站。

③在路侧道路条件允许时,应优先设置在人行道上。

④在交叉口附近布设时,应优先布置在交叉口下游,以避免对交叉口交通状态产生干扰为宜。

⑤在公交站附近布设站点时,应优先布置在公交站的下游处,以不影响公交车停靠为宜。

⑥在部分偏远地区或者客流量极少的区域,可以考虑与公交车站并设,在公交车停运时段临时转为出租车停靠站。

(2) 选址依据

出租车停靠站的站位选址应重点考虑出租车停靠站与道路横断面、公交停靠站、交叉口、建筑物出入口等的位置关系,注重和各类设施的协调性,降低对道路交通环境的影响。出租车停靠站设置应考虑周边区域的出行需求以确定站点等级,从而确定出租车停靠站用地面积和泊车位数。表6-4为出租车停靠站分级表。

表6-4 出租车停靠站分级表

停靠站等级	泊车位数(个)	用地面积(m^2)	设置要求
一级	>6	>108	大型交通枢纽、1万人以上的居民小区、日均客流量在100人/h以上的设施
二级	3~6	36~108	公共交通换乘站、0.5万到1万人的居民小区、日均客流量在100人/h以下的设施
三级	1~2	18~36	其他需要设置的区域

2. 出租车停靠站类型选择

出租车停靠站按照配置功能不同,分为营业站和候客站。

营业站是指在机场、火车站等大型客流集散地设置的具备出租汽车调度功能的出租汽车营业活动场所,包括车辆出入通道、出租汽车专用蓄车场、调度点等区域。

候客站是指可泊车候客，但不配有现场调度功能的出租汽车专用区域。

出租车停靠站按照其功能属性，可分为路外场站和路内停靠站。

路外场站是专门用于车辆维护和暂停运营的服务场站。

路内停靠站主要用于出租车上下乘客时在路边临时停靠或在其停车位泊车候客使用。

本节主要介绍出租车候客站的设计形式。出租车候客站根据道路位置可分为港湾式出租车候客站和非港湾式出租车候客站。

(1) 港湾式出租车候客站

港湾式出租车候客站是指在道路车行道外侧，采取局部拓宽路面的方式进行设置，以减少出租车停靠时对动态交通的影响，保证路段车流的正常运行。港湾式出租车候客站一般沿机动车与非机动车分隔带设置，当人行道较宽时，也可以考虑压缩人行道，沿人行道设置港湾式出租车候客站。

(2) 非港湾式出租车候客站

非港湾式出租车候客站是将出租车停靠区域直接设置在车道上。该种形式的出租车候客站车辆停靠时占1条车道，容易形成交通瓶颈路段，会对动态交通产生很大影响，当路段机动车流量较大时甚至会造成交通阻塞。

在城市主干路和城市次干路上宜设置港湾式候客站，在城市支路或设有道路停车场的道路上，可结合道路停车泊位设置非港湾式候客站，其设置条件应满足表6-5的要求。

表6-5　出租车候车站与车行道宽度关系表

交通组织形式	道路宽度(m)	出租车候车站设置
分隔的非机动车道	非机动车道≥5	容许单侧设置
	非机动车道<5	禁止设置
双向通行的道路	≥27	在有固定中心隔离设施的道路，容许双侧设置
	12~27	容许单侧设置
	<12	禁止设置
单向通行道路	≥8	容许单侧设置
	<8	禁止设置
街巷混行交通道路	≥8	容许单侧设置
	<8	禁止设置

3. 出租车停靠站规模设计

出租车非港湾式候客站直接设置在机动车道或非机动车道上，候客泊位长度应为6m，车道宽度应不小于2.5m。

港湾式出租车候客站设置如图6-23所示。

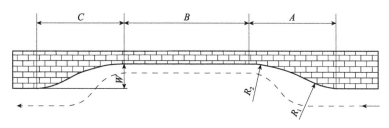

图 6-23 港湾区出租车候客站设置示意图

图中：A——驶入渐变段长度；

B——停靠区域长度；

C——驶出渐变段长度；

R_1——驶入第一转弯半径；

R_2——驶入第二转弯半径；

W——港湾宽度。

各参数设置要求见表 6-6 所列。

表 6-6 港湾式出租车候客站港湾区各参数设置　　　　　　　m

布局参数类型	R_1	R_2	A	B	C	W
推荐布局参数	18	12	10	$N×6$	7	3
标准布局参数	15	12	9	$N×6$	6	2.5

注：N 为出租车泊车位数。

第三节　常规公交与出租汽车停车场设计

一、停车场的主要功能及设施

公共交通停车场具备为线路运营车辆下线后提供合理的停放空间、场地和必要设施等功能，并能按规定操作，实现车辆低级保养和小修作业。根据国家行业规范《城市道路公共交通站、场、厂工程设计规范（CJJ/T 15—2011）》，停车场应包括停车设施、运营管理设施、生活服务设施、安全环保设施等，规范中根据应用设施和可选择设施两种类型，对停车场内各个功能模块的设施设置要求做了规定，停车场设施配置见表 6-7。

①停车设施应设置停车坪（库）、洗车台（间）、试车道、场区道路及防冻防滑工具等设施，确保车辆有充足的停车空间和安全的停车环境。

②运营管理设施应设置调度、票务、车队管理、行政办公、低保车库及附属工间、库房、配电室、油气站、劳保后勤库等设施，确保停车场具有完备的服务功能，提高停车场的工作效率，同时可根据停车场的气候条件和工作环境，还可适当增设供热设施。

③生活服务设施应设置文娱室、食堂及卫生间，满足工作人员和外来人员基本生活和休息需要，为工作人员提供良好的办公和休息环境，同时可根据工作人员的生活需求适当设置单身宿舍，根据工作条件适当设置医务室。

④安全环保设施应设置照明、监控、消防及绿化等设施，确保停车场在作业过程中的安全性，降低事故发生的概率。

表6-7 公共交通停车场设施

设施	配置	
停车设施	停车坪(库)	√
	洗车台(间)	√
	试车道	√
	场区道路	√
	防冻防滑工具	√
运营管理设施	调度	○
	票务	√
	车队管理	√
	行政办公	√
	低保车库及附属工间	√
	库房	√
	配电室	√
	供热设施	○
	油气站	√
	劳保后勤库	√
生活服务设施	单身宿舍	○
	文娱室	√
	医务室	○
	食堂	√
	卫生间	√
安全环保设施	照明	√
	监控	√
	消防	√
	绿化	√

注：1. "√"表示应用的设施，"○"表示可选择的设施。
2. 无轨电车停车场需增加停车场线网、馈线、整流站供电设施，不需要油气站。

二、常规公交停车场选址

停车场为保证其服务范围宜分散布局，可与首末站、枢纽站合建，同时也应满足分区管理的要求。一类、二类地区停车场布置应优先考虑服务半径覆盖要求，根据所在区域公交线网平均长度不同，停车场服务半径宜控制在5~8km；三类地区及部分轨道交通服务薄弱的二类地区停车场应均匀地布置在各个区域性线网的重心处，与线网内各线路的距离宜控制在1~2km；停车场用地应安排在水、电供应、消防和市政设施条件齐备的地区；100个标准车规模以上的停车场不宜单独设置，宜与车辆保养一并考虑，建设为停保场。

以重庆市中心城区为例，公交停车场应布局在公交停车功能有供需缺口的地方，并尽量靠近各区公交营运场站中心位置。参照相关要求，该公交停车场的服务半径应为3km；但考虑到山地城市特征，应将公交停车场服务范围划为公交车5km实际行驶路径的可达范围，如图6-24所示。

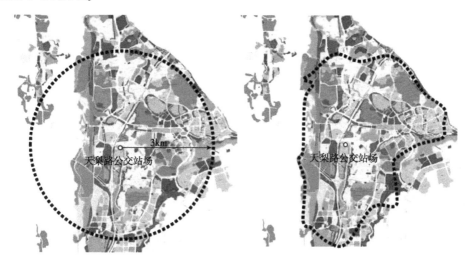

图6-24 公交停车场要求与实际半径服务范围示意图

三、常规公交停车场用地规模、设计要求及布置

1. 常规公交停车场的用地规模

公交停车场用地面积设计应考虑公交车辆在停放饱和的情况下，每辆车仍可自由出入而不受周边所停车辆的影响。根据《城市道路公共交通站、场、厂工程设计规范》(CJJ/T 15—2011)，常规公交停车场用地面积宜按每辆标准车150m^2计算。在用地特别紧张的大城市，停车场用地面积不应小于每辆标准车120m^2。首末站、停车场、保养场的综合用地面积不应小于每辆标准车200m^2，无轨电车还应乘以1.2的系数。因用地条件限制，当停车场利用率不高时，可根据具体情况增加用地。在设计道路公共交通总用地规模时，已有夜间停车的首末站、枢纽站的停车面积不应在停车场用地中重复计算。各类型公交站场用地标准见表6-8。

表6-8 各类型公交站场用地标准

站场类型	用地标准
首末站	100~120m^2/标准车，首末枢纽站外加回车道、候车廊20m^2/标准车
停车场	150m^2/标准车
保养场	200m^2/标准车

2. 常规公交停车场的设计要求

根据停车区的建设方式，停车场可分为平面式和立体式两种建设模式，下文根据《城市道路公共交通站、场、厂工程设计规范》(CJJ/T 15—2011)，按照不同绿地率控制条件详细介绍平面式停车场和立体式停车场设计要求，以及在用地紧张的城市建设多层停车库与地下停车库的设计要求。

(1) 平面式停车场设计要求

不考虑绿地率控制条件下，平面式停车场的用地面积宜按 90~120m^2/标准车确定；25%~30%绿地率控制条件下，用地面积宜按 120~150m^2/标准车确定，总用地面积宜控制在 5000~15 000m^2。

(2) 立体式停车场设计要求

不考虑绿地率控制条件下，立体式停车场的用地面积宜按 50~70m^2/标准车确定；25%~30%绿地率控制条件下，用地面积宜按 70~90m^2/标准车确定；规划用地的长度不宜小于150m，宽度不宜小于80m。停车区采用立体式建设时，建筑面积宜按不高于 130m^2/标准车确定。

(3) 多层停车场与地下停车库

在用地紧张的城市，当城市内部没有足够的用地面积支撑建设平面式停车场或立体式停车场时，可以根据当地地质条件及基础工程设计要求，综合考虑适当向空间或向地下发展成为多层停车库和地下停车库。

①多层停车库设计要求及布局。多层停车库的地质条件和基础工程必须符合多层建筑的设计要求，与周围易燃、易爆物体和高压电力设施的间距应符合现行国家标准《汽车库、修车库、停车场设计防火规范》(GB 50067—2014)的规定。公共汽、电车多层停车库的建筑面积宜按 100~113m^2/标准车确定，并应符合下列规定：停车区的建筑面积宜为 67~73m^2/标准车；保修工间区的建筑面积宜为 14~17m^2/标准车；调度管理区的建筑面积宜为 8~10m^2/标准车；辅助区的建筑面积宜为 6~7m^2/标准车；机动和发展预留建筑面积宜为 5~6m^2/标准车。

多层停车库的布局可分为停车区、保修工间区、调度管理区和辅助区。停车区应包括停车位、车行道、人行道，并应设置回车场地、坡道和升降机、车辆转盘、电梯等设施；保修工间区应包括低保、小修、充电、更换轮胎等主辅修工间及洗车间；调度管理区应包括办公室、调度室、场务司机室；辅助区应包括储藏室、卫生间等。

②地下停车库设计要求及布局。地下停车库应选在水文地质条件好、出口周围宽敞处，且停车库的排风口不宜朝向建筑物、公园、广场等公共场所。地下停车库主要用于停车，其他建筑均可安排在地面上。地下停车库的建筑面积应按 70m^2/标准车确定，其地面建筑应另行计算。

3. 常规公交停车场的用地布置

停车场用地按生产工艺和使用功能宜划分为运营管理、停车、生产和生活服务区。生产区的建筑密度宜为 45%~50%，运营管理及生活服务区的建筑密度不宜低于 28%，下面将根据《城市道路公共交通站、场、厂工程设计规范》(CJJ/T 15—2011)详细介绍运营管理、停车、生产和生活服务区的用地布置要求。

(1) 运营管理区域用地布置

运营管理区域由调度室、车辆进出口、门卫、办公楼等机构和设施构成。其中停车场进出口设置要保证停车场内的交通路线应采用与进出口行驶方向相一致的单向行驶路线，且进出口处必须安装限速、引导、警告、禁行和单行等交通标志。车辆的进出口应分开设置，停车场停放容量大于50辆时应另外设置一个备用进出口。为保证安全，避免事故发生，停车场的车辆进出口和人员进出口应分开设置，其中车辆出入口宽度应为7.5~10m。当站外道路的车行道宽度小于14m时，进出口宽度应增加20%~25%。在出入口后退2m的通道中心线两侧各60°范围内，应能目测到站内或站外的车辆和行人，人员进出口可设置在车辆进出口的一侧或两侧，其使用宽度应大于1.6m。同时还应保证车辆进出有安全、宽敞、视野开阔的进出口和通道。

(2) 停车坪区域用地布置

停车坪应有良好的雨水、污水排放系统，并应符合现行国家标准《室外排水设计规范》GB 50014—2021 的规定。排水明沟与污水管线不得连通，停车坪的排水坡度（纵、横坡）不应大于0.5%。停车坪应采用标志标线指示停车位置和通道宽度。在寒冷地区，停车坪上应有热水加注装置，且宜建封闭式停车库。

停车场还应建回车道和试车道。停车场的回车道、试车道用地宜为 26~30m²/标准车，无轨电车可适当增加回车道、试车道用地。

(3) 生产区用地布置

生产区的平面布局应包括一、二级保养工间及其辅助工间和动力及能源供给工间两个部分。生产车间按工艺要求，宜采取顺车进、顺车出的平面布局，并应按生产性质及工艺确定建筑层数与层高，辅助工间不宜高于三层。

(4) 生活服务用地布置

生活服务区应包括文化娱乐、食堂、卫生间等。

停车场的进出口宜设置在停车坪一侧，其方向应朝向场外交通路线。

四、出租汽车停车场选址及用地布置

1. 出租汽车停车场选址原则

出租汽车停车场应具备停放车辆、低级保修和小修的功能，为减少出租汽车周转距离，出租汽车停车场选址应以位于所辖营业站的重心处、空驶里程最少、调度方便、进出口面向交通流量较少的次干道为原则。

2. 出租汽车停车场用地规模

出租汽车停车场的规模宜为100辆，且最多不应超过200辆。大城市可根据所拥有的出租汽车数量，分散设立若干出租汽车停车场。在车辆不超过100辆时，可在停车场内另建一座担负二级保养以上任务的保修车间，不再另建保养场。

3. 出租汽车停车场用地布置

出租汽车停车场不宜采用露天停车坪停放车辆，宜建有防冻和防曝晒的停车库。在用地紧张的城市，应建多层停车库。出租汽车停车场的平面布置应包括停车库、低级保养保修工间、办公及生活区、绿化、机动及预留发展用地等。停车场用地可按每车 4.8m×

1.8m(长×宽)作为标准车。当采用多层停车库时,其设计按本节多层停车库设计要求及布局中的规定执行。

第四节　公交车保养场与修理厂设计

一、保养场设计

1. 保养场设施与功能

公交车保养场具有承担运营车辆各级保养的任务,并具有相应的配件加工、修制能力和修车材料及燃料的储存、发放等功能。根据国家行业规范《城市道路公共交通站、场、厂工程设计规范》(CJJ/T 15—2011),公交车保养场应包括生产管理设施、生产辅助设施、生活服务设施和安全环保设施等,规范中按照应用设施和可选择设施两种类型,对停车场内各个功能模块的设施设置要求做了规定,公交车保养场的设施设计要求见表6-9。

①生产辅助设施应设置保养车库、修理工间、车辆检测线、材料仓库、动力系统、油气站及劳保后勤库等相关设施,保证保养厂内设施齐全,便于辅助完成运营车辆的各级保养任务。

②生产管理设施应设置技术管理部门、保修机务调度部门、行政办公部门、待保养停车坪(库)、洗车台(间)、试车道及场区道路,保证多部门协调配合,提高车辆保养效率。为了方便工作人员办公生活,还可以视情况适当设置内部停车设施。

③生活服务设施与停车场类似,应设置文娱室、食堂及卫生间,满足工作人员和外来人员基本生活和休息需要,为工作人员提供良好的办公和休息环境,同时可根据工作人员的生活需求适当设置单身宿舍、根据工作条件适当设置医务室。

④安全环保设施与停车场类似,应设置照明、监控、消防及绿化等设施,确保保养场在作业过程中的安全性,降低事故发生的概率。

2. 保养场选址原则

不同类型城市的公交车保养场选址原则不同,大城市的公交车保养场宜建在城市每一个分区线网的重心处,中、小城市的公交车保养场宜建在城市边缘。为方便车辆到达保养场,公交车保养场应距所属各条线路和该分区的各停车场均较近,同时保养场应避免建在交通复杂的闹市区、居住区和主干路旁,宜选择在交通流量较小,且有两条以上比较宽敞、进出方便的次干路附近。为确保高效运转和提高安全性,公交车保养场附近应具备城市电源、水源和污水排放管线系统,同时应避免建在工程和水文地质不良的滑坡、溶洞、活断层、流沙、淤泥、永冻土和具有腐蚀性特征的地段,以及高填方或开凿难度大的石方地段,并处在居住区常年主导风的下风方向。

3. 保养场的设计规模

公交车保养场的数量应根据城市的发展规模和为其服务的公共交通的规模确定。当企业运营车辆保有量为200辆以下或200辆左右时,可建一个小型保养场;保有量在300~500辆,可建一个中型保养场;保有量超过500辆以上,可建保养中心。中、小城市车辆

表 6-9 公交车保养场设施

设施	配置	
生产辅助设施	保养车库	√
	修理工间	√
	车辆检测线	√
	材料仓库	√
	动力系统	√
	油气站	√
	劳保后勤库	√
生产管理设施	技术管理	√
	保修机务调度	√
	行政办公	√
	停车设施	○
	待保停车坪(库)	√
	洗车台(间)	√
	试车道	√
	场区道路	√
生活服务设施	文娱室、食堂、卫生间	√
	单身宿舍、医务保健	○
安全环保设施	照明	√
	监控	√
	消防	√
	绿化	√

注：1. "√"表示应有，"○"表示可视具体情况选择。
2. 无轨汽车保养场需增加保养场线网、馈线、整流站供电设施，不需要油气站。

较少时，不应分散建设，可根据线网布置情况，适当集中在合理位置建设公交车保养场，且中、小城市的保养场宜与停车场或修理厂合建；当停车场的低级保养和小修设备较少时，公交车保养场宜与停车场合建。如某城市车辆较少，不需单独建停车场时，可在公交车保养场内建设停车场，即停车保养场。

4. 保养场用地布置

保养场平面布局有明显的功能分区，生产功能相同或性质相近，动力需要、防火、卫生等要求类似的车间布置在同一功能分区内。尤其是保养车间及其附属的辅助车间必须按照工艺路线要求布置在相邻近的建筑物里，建筑物之间既有防火等合理的间隔，又要有顺畅而方便的联系。保养场的办公及生活性建筑宜布置在场前区，其建筑式样、风格、色彩等与所在街景的美学特点要相和谐。保养场的配电房、锅炉房、空压机房、乙炔发生站等动力装置应设在全场的负荷中心处，锅炉房应位于全场的下风处。需要注意的是，保养场用地面积不包含保养场的汽油站、变电房的用地面积，且当保养场与停车场的或修理厂合建时，其用地面积应在保养场的基础上，按停车场中停车面积、修理厂中修理车间的用地要求增加所需面积。保养场的用地面积应与所承担的保养车辆数来计算，并应符合表 6-10 的规定。

表 6-10 保养场用地要求

保养能力(辆)	每辆车的保养用地面积(m^2/辆)		
	单节公共汽车和电车	铰接式公共汽车和电车	出租小汽车
50	220	280	44
100	210	270	42
200	200	260	40
300	190	250	38
400	180	230	36

二、修理厂设计

1. 修理厂的选址

修理厂宜建在距离城市各分区位置适中、交通方便、交通流量较小的主干道旁，周围有一定发展余地的市区边缘，有可靠的水、电、煤供应。场区周围半径小于 25m 范围内应避免有居民居住，应按环保法减少对城市的空气和噪声污染、利用生物化学方法回收处理排泄物。在中小城市，由于车辆不多，一般不单独修建修理厂，停车保养场同时承担发动机和车身修配的任务，并按修理厂的设计规范要求建设修理车间。

2. 修理厂的设计规模

修理厂的规模应视该城市公交企业所拥有的营运车辆数而定。一般凡营运车辆数超过 500 辆时，应建具有年产 200 辆次大中维修能力的修理厂一座；凡营运车辆在 1000 辆左右时，应建具有年产 500 辆次大中维修能力的修理厂一座。若营运车辆在 1000 辆以上或者更多时，应建的修理厂规模以此类推。修理厂用地应按所承担年修理车辆数计算，宜按 $250m^2$/标准车设计。

3. 修理厂的用地布置

修理厂的平面布置应按生产区、辅助区、厂前区、生活区设置，修理厂的生产区宜以生产厂房为中心区域，布置在全厂总平面的中间；辅助区宜靠近主厂房，围绕着主厂房布置；厂前区应包括办公楼、营业区；生活区应包括食堂等为职工生活服务的区域，并应与生产分开。

4. 修理厂内部道路设计

公交车修理厂内的道路设计应符合下列规定：

①回车场最小面积应按铰接车计算。

②行车道的转弯半径不应小于12m。

③行车道的横向坡度宜为2%~3%，纵横向坡度不应大于5%。

④主要道路应人车分道，宽度不应小于10m。

⑤行人与车辆出入的大门必须分开设置。车辆进出的主大门宽度不应小于12m，净高不应小于3.6m。

⑥修理厂应设置应急备用大门。

第七章 城市停车场交通设计

科学合理安排停车设施,构建有序的停车环境对于改善城市交通运行质量具有重要的意义。停车场按照管理方式分为城市公共停车场和建筑物配建停车场,按照服务对象分为机动车停车场和非机动车停车场。本章将主要介绍城市停车场交通设计的具体方法,包括:城市停车场交通设计相关术语、城市停车需求预测与车位供给相关理论及路外停车场交通设计、路内停车位设计。

第一节 相关术语与设计原则

一、相关术语

1. 停车场

停车场(parking lot)是指供机动车与非机动车停放的场所及地上、地下构筑物,一般由出入口、停车位、通道和附属设施组成。

(1)机动车停车场

供机动车停放的停车场称为机动车停车场(parking lot for auto)。

(2)非机动车停车场

供非机动车停放的停车场称为非机动车停车场(parking lot for non-motor vehicle)。

(3)建筑物配建停车场

依据建筑物配建停车位指标所附设的面向本建筑物使用者和公众服务的供机动车、非机动车停放的停车场,称为建筑物配建停车场(parking garage for buildings)。

(4)城市公共停车场

位于道路红线以外独立占地的面向公众服务的停车场和由建筑物代建不独立占地的面向公众服务的停车场,称为城市公共停车场(urban public parking lot)。

2. 停车位

停车位(parking space)是指为停放车辆而划分的停车空间或机械停车设备中停放车辆的部位,由车辆本身的尺寸加四周必需的空间组成。

(1)路内停车位

在道路红线以内划设的供机动车或(和)非机动车停放的停车空间,称为路内停车位(on-street parking space)。

(2) 基本车位

满足车辆拥有者在无出行时车辆长时间停放需求的相对固定停车位，称为基本车位(basic parking space)。

(3) 出行车位

满足车辆使用者在有出行时车辆临时停放需求的停车位，称为出行车位(travel parking space)。

3. 标准车与标准车停放建筑面积

(1) 标准车

以车型外廓尺寸总长度为 5.0m，总宽度为 2.0m，总高度为 2.2m 的小型客车为标准车，作为各种型号车辆换算标准停车位的当量车种，称为标准车(passenger car unit)。

(2) 标准车停放建筑面积

停放一辆标准车所需的建筑面积，包括停车位面积和均摊的通道面积及管理、服务等辅助设施面积，称为标准车停放建筑面积(floor area for passenger car unit)。

二、设计原则

1. 停车场差别化布置

城市停车场布置应综合考虑人口规模和密度、土地开发强度、道路交通承载能力、公共交通服务水平等因素，采取停车位总量控制和区域差别化的供给原则，划分城市停车分区，提出差别化的分区停车场布置策略。差别化的分区机动车停车场布置应符合下列规定：

①城市中心区的人均机动车停车位供给水平不应高于城市外围地区。

②公共交通服务水平较高地区的人均机动车停车位供给水平不应高于公共交通服务水平较低的地区。

2. 停车位分类供给

城市停车位供给应以建筑物配建停车场提供的停车位为主体，以城市公共停车场提供的停车位为辅助。建筑物配建停车场按照建筑物分类划分为居住类建筑物配建停车场和非居住类建筑物配建停车场。

①居住类建筑物配建停车场提供的停车位是基本车位供给的主体，应以满足本建筑物业主的基本车位需求为主。

②非居住类建筑物配建停车场提供的停车位是出行车位的主体，应以满足本建筑物使用者和社会公众的出行车位需求为主。

第二节　城市停车需求预测与车位供给

一、停车需求预测

停车需求预测应以城市交通发展战略和机动车发展水平为依据，在停车调查的基础上，根据城市用地规划、交通出行特征、交通服务水平及城市交通管理等因素，预测城市停车(位)需求总量及空间分布。

1. 停车现状调查与分析

停车现状调查与分析是停车规划与设计的基础,是停车规划与设计量化分析的依据,应定期开展停车现状调查与分析工作。停车现状调查与分析主要内容应包括:停车设施调查、停车特征调查、相关资料的收集、现状停车供应和需求关系分析与评价等。

(1)停车设施调查

停车设施调查应包括:现状停车场的空间分布,现状停车场的规模(每个停车场的车位数和占地面积),现状停车场的形式及构成,停车场的收费情况,建筑物配建停车位指标及使用情况,停车场建设方式及管理体制,停车场附近的交通状况,停车场附近的环境条件,停车场服务对象及范围,路内停车位规模和分布、停车收费管理等信息。

(2)停车特征调查

停车特征调查应获取停车需求生成率、停车场供给能力、平均停车时间、车位周转率、停车场利用率、停车集中指数等指标。停车特征调查应按平峰日和高峰日分区域进行。停车特征调查应包括:停车地点到目的地的步行距离,停车调查初始时停车场内停车数量,车辆到达及离开停车场的时间,调查结束时停车场内停车数量等。

(3)相关资料收集

相关资料收集应获取人口和经济社会发展水平、机动车和非机动车保有量、城市道路里程和网络布局,以及建设用地规模、性质和布局等;相关资料收集应包括:城市社会经济发展预测资料,机动车保有量统计资料,建设用地规模及分布,城市道路统计资料等。

(4)现状停车位供需关系分析与评价

现状停车位供需关系分析与评价应根据停车特征调查计算停车需求生成率、平均停车时间、停车场供给能力、车位周转率、停车场利用率、停车集中指数、现状停车位需求等停车特征指标;定量化评价现状停车供需关系;分析停车发展面临的问题。

①停车场供给能力。停车场供给能力包括路外停车场供给能力和路内停车位供给能力,其中,路外停车场供给能力 C_p 是停车场提供的停车位数,可按下列公式计算:

$$C_p = \frac{A_i}{B} \tag{7-1}$$

式中:A_i——第 i 个路外停车场的建筑面积或(和)供车辆停放的用地面积,m^2;

B——单个标准车停放建筑面积,m^2,按照地面停车场、地下停车库、地上停车楼和机械式停车库四种形式计算。

路内停车位供给能力 C_k 是某条允许停车路段提供的停车位数,可按下列公式计算:

$$C_k = \frac{L_p}{l} \tag{7-2}$$

式中:L_p——允许停车路段的长度,m;

l——单个标准车停放时占用道路的长度,m。

对某一地区来说,路内停车供给能力 C 可按下列公式计算:

$$C = \sum_{k=1}^{n} C_k \tag{7-3}$$

式中：C_k——第 k 条路段提供停车位数量，个；

　　　n——该地区允许设置路内停车位的路段数，条。

②平均停车时间。平均停车时间 t 是衡量停车场运营效率的基本指标之一，平均停车时间可按下列公式计算：

$$t = \frac{\sum_{j=1}^{N} t_j}{N} \tag{7-4}$$

式中：t_j——第 j 辆车的停放时间，h；

　　　N——调查期间停车场内实际停车数，辆。

③车位周转率。车位周转率 β 反映了停车场平均每个停车位被使用的次数，按下列公式计算：

$$\beta = \frac{S}{C_i} \tag{7-5}$$

式中：S——调查期间停车数量，辆；

　　　C_i——停车场提供的停车位数，个。

④停车场利用率。车场利用率 $\gamma(\%)$ 反映了停车场内的停车位使用情况，按下列公式计算：

$$\gamma = \frac{\sum_{i=1}^{S} t_i}{TC_p} \times 100\% \tag{7-6}$$

式中：t_i——第 i 辆车停放时间，min；

　　　T——调查时间长度，min；

　　　C_p——停车场的停车位数量，个。

⑤停车集中指数。停车集中指数 λ 表示某一时刻停车场内车辆停放的拥挤程度，分为高峰小时停车集中指数和平均停车集中指数，高峰小时停车集中指数可按下列公式计算：

$$\lambda = \frac{N_j}{C_p} \tag{7-7}$$

式中：N_j——停车高峰小时停车场内停放车辆的数量，辆；

　　　C_p——停车场的停车位数量，个。

平均停车集中指数 $\bar{\lambda}$ 可按下列公式计算：

$$\bar{\lambda} = \frac{S}{C_p X} \tag{7-8}$$

式中：S——多次调查所得实际停车总量，辆；

　　　X——观测次数。

2. 停车需求预测方法

机动车停车需求预测包括基本车位和出行车位预测两部分，停车位总需求应等于基本车位需求与出行车位需求之和。停车位总需求可按下列公式计算：

$$D = D_1 + D_2 \tag{7-9}$$

式中：D——停车位总需求，个；

D_1——机动车保有量，个；

D_2——出行车位需求，个。

（1）基本车位需求预测

基本车位需求应等于城市机动车保有量，规划年城市机动车保有量应综合考虑影响机动车发展的政策，结合城市人口、社会经济发展水平等，采用趋势分析法、类比法、相关因素法等方法预测。

（2）出行车位需求预测

出行车位需求与城市交通出行结构、机动车出行比例和停车特征等紧密相关，其需求预测应在停车调查的基础上，可采取经验借鉴法、用地类别法、机动车出行分布法等方法预测。

①经验借鉴法。经验借鉴法通过借鉴类似城市的机动车保有量与停车位之间的关系来估算出行车位需求，通常情况下出行车位需求为机动车保有量的 10%~30%。

②用地类别法。用地类别法是通过调查现状不同用地性质单位建筑面积停车需求生成率和停车位周转率等参数，依据用地规划指标来估算出行车位需求，可按下列公式计算：

$$D_2 = \sum_{i=1}^{n} \sum_{j=1}^{m} A_{ij} S_{ij} / \beta_{ij} \tag{7-10}$$

式中：A_{ij}——第 i 个停车分区第 j 类用地性质单位建筑面积停车需求生成率，辆/万 m^2；

S_{ij}——第 i 个停车分区第 j 类用地性质的建筑面积，万 m^2；

β_{ij}——第 i 个停车分区第 j 类用地性质的停车位周转率；

n——停车分区的数量；

m——用地性质分类的数量。

③机动车出行分布法。机动车出行分布法是通过城市交通规划模型来预测机动车出行矩阵，结合机动车高峰小时系数和机动车即停即离比例等参数，估算出行车位需求，可按下列公式计算：

$$D_2 = \sum_{i=1}^{n} A_i (1 - \lambda_i) / \beta_i \tag{7-11}$$

式中：A_i——第 i 个停车分区吸引的机动车数量，辆；

λ_i——第 i 个停车分区机动车即停即离比例；

β_i——第 i 个停车分区停车位周转率。

二、停车位供给

1. 停车位供给总量

（1）机动车停车位

我国城市规划人均城市建设用地面积标准差别不大，且交通设施用地占城市建设用地比例控制在 10%~25%，因此，有必要规定城市机动车停车位供给总量与机动车保有量之间的合理比例。城市机动车停车位供给总量应在停车需求预测的基础上确定，基于广州、上海、北京等城市停车方面的研究成果，类比国外城市的停车规划经验，并结合专家咨询综合确定了下列规定：

①规划人口规模大于等于50万人的城市，机动车停车位供给总量应控制在机动车保有量的1.1~1.3倍；

②规划人口规模小于50万人的城市，机动车停车位供给总量应控制在机动车保有量的1.1~1.5倍。

中国新型城镇化发展提出构建大、中、小城市和小城镇协调发展的城镇化战略格局发展思路，将会在一定的区域范围内多个城市之间形成经济社会活动紧密关联的城市群。城市群内不同人口规模的城市可根据具体情况优化调整机动车停车位供给总量与机动车保有量之间的比值，但不应高于1.5倍。此外，对于城际商务、旅游等功能强的城市机动车停车位供给应开展外来机动车停车专题研究，既要一定程度满足外来机动车停车位供给，还要确保符合城市交通发展战略。

(2)非机动车停车

城市非机动车停车位供给总量不应小于非机动车保有量的1.5倍。

2. 机动车停车位供给结构

(1)建筑物配建停车位和城市公共停车位

城市机动车停车位供给结构应符合下列规定：

①建筑物配建停车位是城市机动车停车位供给的主体，应占城市机动车停车位供给总量的85%以上。

②城市公共停车场提供的停车位可占城市机动车停车位供给总量的10%~15%，城市公共停车场规划用地总规模可按规划城市人口核算，人均城市公共停车场占地规模宜控制在0.5~1.0m^2。

针对我国城市机动车停车供需矛盾突出的现实情况，近期停车设施专项规划可通过设置一定规模的临时城市公共停车场，提高城市公共停车场在城市机动车停车位供给总量中的比例，但应保证建筑物配建停车位所占比例高于现状值；远期停车设施专项规划应保证建筑物配建停车位是城市机动车停车位供给的主体，应占城市机动车停车位供给总量的85%以上，城市公共停车场提供的停车位应占城市机动车停车位供给总量的10%~15%。

(2)路侧停车位

针对我国城市机动车停车供需矛盾突出的现实情况，在建筑物配建停车位和城市公共停车场提供的停车位不能满足城市停车需求的情形下，可通过临时设置路内停车位作为城市机动车停车位供给的补充，临时设置路内停车位的规模不应大于城市机动车停车位供给总量的5%。同时，应制定临时设置路内停车位的效益评估和退出机制，在不同时间和空间内动态调节临时路内停车位设置，充分发挥城市机动车停车位供给的补充作用。

为了充分发挥路内停车位在出行车位和基本车位供给环节的双重补充作用，路内停车位规划管理应坚持采取白天短时停车和夜间长时停车相结合的策略，合理利用道路空间资源，提高停车位周转率和利用率。

第三节　路外停车场交通设计

一、停车场规模确定

1. 建筑物配建停车场与城市公共停车场

（1）建筑物配建停车场

规划范围内各地块的建筑物配建停车场规模应依据土地使用性质、容积率等用地指标和城市建筑物配建停车位指标确定。

（2）城市公共停车场

城市公共停车场规划用地控制指标应考虑服务对象、建筑形式、停放方式等因素，依据规划确定的城市公共停车场规模（表7-1）和分布，选取标准车停放面积或停放建筑面积进行确定。

此外，城市公共停车场应重视停车资源共享和高效利用，停车场设置的管理用房、停车辅助设施等建筑面积应按照不高于 $1m^2$/机动车停车位的标准设置，且管理用房、停车辅助设施的占地面积不应大于城市公共停车场总用地面积的5%。

表7-1　城市公共停车场规模分类

停车场规模	停车位数量（个）	停车场规模	停车位数量（个）
特大型停车场	>500	中型停车场	51~300
大型停车场	301~500	小型停车场	≤50

注：停车位数量为小型车停车位，其他车型停车位需换算，换算系数见表7-2。

表7-2　机动车停车位换算系数

车型	微型车	小型车	中型车	大型车	铰接车
换算系数	0.7	1.0	2.0	2.5	3.5

2. 停车位面积

（1）机动车停车场

地面机动车停车场的标准车停放面积宜采用 $25~30m^2$，地下机动车停车库与地上机动车停车楼的标准车停放建筑面积宜采用 $30~40m^2$，机械式机动车停车库的标准车停放建筑面积宜采用 $15~25m^2$。

（2）非机动车停车场

非机动车单个停车位建筑面积宜采用 $1.5~1.8m^2$。

二、停车场设计基本要求

1. 一般要求

《城市停车规划规范》（GB/T 51149—2016）规定：

①停车场规划应综合考虑环境保护、防灾减灾和应急避难等因素,按照节约土地资源的原则选择停车楼、机械式停车库等形式,不宜布设特大型停车场;特别是在城区,大型和特大型停车场对周边交通造成较大压力,一般不宜布设,对于确实需要布设的特大型停车场应采取分区管理模式。

②停车场应建设信息管理系统,提供停车位分布、规模、收费标准、交通组织、利用率等信息,可建设智能化管理和诱导标识系统,提升信息化服务水平。

③电动汽车产业是我国鼓励并加快推进的战略性新兴产业,是推动节能减排、实现绿色出行的重要措施,因此,停车场设计应为电动汽车预留建设充电设施的条件。具备充电条件的停车位数量不宜小于停车位总数的10%,可根据电动汽车发展计划采取近远期相结合的建设模式。

④采用地面停车形式的停车场应采用高大乔木、绿植作为与周边其他性质用地的隔离,在满足停车要求的条件下应在停车场内种植高大乔木,形成树阵,创造绿荫停车环境;除管理用房、停车辅助设施、停车位及通道外的场地应实现绿化,停车位应采用绿化渗水铺装。

⑤停车场应设置无障碍专用停车位和无障碍设施,应符合现行国家标准《无障碍设计规范》(GB 50763—2012)的规定。

2. 建筑物配建停车场

建筑物配建停车场设计应遵循以下规定:

①非居住类建筑物配建停车场应具备面向社会公众开放的规划建设条件。

②建筑物配建停车场需设置机械停车设备的,居住类建筑的机械停车位数量不得超过停车位总数的90%;采用二层升降式或二层升降横移式机械停车设备的停车设施,其净空高度不得低于3.8m。

③建筑物配建非机动车停车场应采用分散与集中相结合的原则,就近设置在建筑物出入口附近,且地面停车位规模不应小于总规模的50%。

3. 城市公共停车场

城市公共停车场设计应遵循以下规定:

①在现状停车位供需矛盾突出的地区,若该区域内不具备建设独立占地的面向公共服务的城市公共停车场,经论证后可通过在该区域内新建、改建、扩建和翻建的建筑物,在满足建筑物配建停车位指标要求下,增加独立占地的或者由建筑物代建的不独立占地的面向公众服务的城市公共停车场,逐步改善区域内停车供需矛盾。

②城市公共停车场分布应在停车需求预测的基础上,以城市不同停车分区的停车位供需关系为依据,按照区域差别化策略原则确定停车场的分布和服务半径,应因地制宜地选择停车场形式,可结合城市公园、绿地、广场、体育场馆及人防设施修建地下停车库。

③城市公共停车场宜布置在客流集中的商业区、办公区、医院、体育场馆、旅游风景区及停车供需矛盾突出的居住区,其服务半径不应大于300m。同时,应考虑车辆噪声、尾气排放等对周边环境的影响。

④非机动车停车场布局应考虑停车需求、出行距离因素,结合道路、广场和公共建筑布置,其服务半径宜小于100m,不应大于200m,并应满足使用方便、停放安全的要求。

4. 换乘停车场

换乘停车场是指为了鼓励公众使用公共交通工具出行,引导个体交通使用者换乘公共交通而设置的停车场。

①机动车换乘停车场应为居民从小汽车出行方式转向公共交通、自行车等绿色交通出行方式提供车辆停放的空间。

②机动车换乘停车场通常布设在城市中心区以外,靠近轨道交通车站、公共交通枢纽站、公共交通首末站以及对外联系的主要公路通道。

③机动车换乘停车场规模应根据交通发展战略的要求,结合公交枢纽、站点客流量等因素,采用定性与定量相结合的方法研究确定。

④轨道交通换乘接驳应以公交、自行车、步行等方式为主导,在公交接驳条件较差时,可设置一定规模的机动车换乘停车场。通过借鉴东京、伦敦、首尔等国际城市经验,与轨道交通结合的机动车换乘停车场停车位的供给总量不宜小于轨道交通线网全日客流量的1‰,且不宜大于3‰。

⑤非机动车换乘停车场应考虑换乘需求、换乘条件等因素,在轨道交通车站、公交枢纽站和公交车站等地区就近设置。

5. 路内停车位

路内停车位设计应遵循以下规定:

①路内停车位宜设置在道路负荷度小于0.7的城市次干路及支路上,不得在城市规划确定的具备救灾和应急疏散功能的道路上设置路内停车位。在满足交通安全、综合防灾等条件下,停车供需矛盾突出的居住区周边道路可在夜间临时设置路内停车位。

②路内停车位的设置应符合现行行业标准《城市道路工程设计规范(2016年版)》(CJJ 37—2012)的规定,不得影响非机动车通行、侵占消防通道及行人过街设施,在临近急救站、公共汽车站、交叉路口的路段上设置路内停车位应符合道路安全相关规定。

三、建筑物配建停车位

1. 建筑物分类

在城市总体规划阶段,需配建停车位的建筑物应按照土地使用性质划分大类。在详细规划阶段,需配建停车位的建筑物应在已划分大类的基础上,按照建筑物类型、使用对象及各类建筑物停车需求特征细分建筑物子类。

建筑物分类可按照表7-3的规定执行,并根据城市的发展特点调整。限价商品住房属于政策性商品住房范畴,对于满足本地中等收入家庭自住需求、平抑房价具有一定作用,为此,限价商品房推荐配建停车位指标参考值与普通商品房一致。

经济适用房属于政策性商品住房范畴,在一定历史时期内主要用于满足本地中低收入家庭自住需求,改善居住条件,逐步建立"内循环"流转模式,为此,经济适用房推荐配建停车位指标参考值略低于普通商品房。

表 7-3 配建泊位建筑物分类

建筑物大类	建筑物子类	单位
居住	别墅	车位/户
	普通商品房	车位/户
	限价商品房	车位/户
	经济适用房	车位/户
	公共租赁住房	车位/户
	廉租住房	车位/户
医院	综合医院	车位/100m² 建筑面积
	其他医院（包括独立门诊、专科医院等）	车位/100m² 建筑面积
学校	幼儿园	车位/100 师生
	小学	车位/100 师生
	中学	车位/100 师生
	中等专业学校	车位/100 师生
	高等院校	车位/100 师生
办公	行政办公	车位/100m² 建筑面积
	商务办公	车位/100m² 建筑面积
	其他办公	车位/100m² 建筑面积
商业	宾馆、旅馆	车位/客房
	餐饮	车位/100m² 建筑面积
	娱乐	车位/100m² 建筑面积
	商场	车位/100m² 建筑面积
	配套商业	车位/100m² 建筑面积
	大型超市、仓储式超市	车位/100m² 建筑面积
	批发市场、综合市场、农贸市场	车位/100m² 建筑面积
文化体育设施	体育场馆	车位/100 座位
	展览馆	车位/100m² 建筑面积
	图书馆、博物馆、科技馆	车位/100m² 建筑面积
	会议中心	车位/100 座位
	剧院、音乐厅、电影院	车位/100 座位
工业和物流仓储	厂房	车位/100m² 建筑面积
	仓库	车位/100m² 建筑面积

(续)

建筑物大类	建筑物子类	单位
交通枢纽	火车站	车位/100 高峰乘客
	港口	车位/100 高峰乘客
	机场	车位/100 高峰乘客
	长途客车站	车位/100 高峰乘客
	公交枢纽	车位/100 高峰乘客
游览场所	风景公园	车位/公顷占地面积
	主题公园	车位/公顷占地面积
	其他游览场所	车位/公顷占地面积

廉租住房由最低收入住房困难家庭扩大到低收入住房困难家庭，实现廉租住房和经济适用住房保障范围的合理衔接，考虑到收入水平、户型小、建设成本等因素，廉租住房推荐配建停车位指标参考值最低。公共租赁住房是属于政策性商品住房范畴，考虑到收入水平、户型小、建设成本等因素，推荐配建停车位指标参考值高于廉租住房。

2. 停车位指标

建筑物配建停车位指标应遵循差别化停车供给原则，城市中心区的停车配建指标不应高于城市外围地区；在相同区域内公交服务水平高的地区，配建停车位指标可降低；居住、医院等民生类建筑物配建停车位指标可适度提高。

多种性质混合的建筑物配建停车位规模可小于各单种性质建筑物配建停车位规模总和，不应低于各种性质建筑物需配建停车位总规模的80%。建筑物配建停车位指标见表7-4。

表7-4 建筑物配建停车位指标

建筑物大类	建筑物子类	机动车停车位指标下限值	机动车停车位指标上限值	单位
居住	别墅	1.2	2.0	车位/户
	普通商品房	1.0	2.0	车位/户
	限价商品房	1.0	2.0	车位/户
	经济适用房	0.8	2.0	车位/户
	公共租赁住房	0.6	2.0	车位/户
	廉租住房	0.3	2.0	车位/户
医院	综合医院	1.2	2.5	车位/100m² 建筑面积
	其他医院	1.5	3.0	车位/100m² 建筑面积

（续）

建筑物大类	建筑物子类	机动车停车位指标下限值	机动车停车位指标上限值	单位
学校	幼儿园	1.0	10.0	车位/100 师生
	小学	1.5	20.0	车位/100 师生
	中学	1.5	70.0	车位/100 师生
	中等专业学校	2.0	70.0	车位/100 师生
	高等院校	3.0	70.0	车位/100 师生
办公	行政办公	0.65	2.0	车位/100m² 建筑面积
	商务办公	0.65	2.0	车位/100m² 建筑面积
	其他办公	0.5	2.0	车位/100m² 建筑面积
商业	宾馆、旅馆	0.3	1.0	车位/客房
	餐饮	1.0	4.0	车位/100m² 建筑面积
	娱乐	1.0	4.0	车位/100m² 建筑面积
	商场	0.6	5.0	车位/100m² 建筑面积
	配套商业	0.6	6.0	车位/100m² 建筑面积
	大型超市、仓储式超市	0.7	6.0	车位/100m² 建筑面积
	批发市场、综合市场、农贸市场	0.7	5.0	车位/100m² 建筑面积
文化体育设施	体育场馆	3.0	15.0	车位/100 座位
	展览馆	0.7	1.0	车位/100m² 建筑面积
	图书馆、博物馆、科技馆	0.6	5.0	车位/100m² 建筑面积
	会议中心	7.0	10.0	车位/100 座位
	剧院、音乐厅、电影院	7.0	10.0	车位/100 座位
工业和物流仓储	厂房	0.2	2.0	车位/100m² 建筑面积
	仓库	0.2	2.0	车位/100m² 建筑面积
交通枢纽	火车站	1.5	—	车位/100 高峰乘客
	港口	3.0	—	车位/100 高峰乘客
	机场	3.0	—	车位/100 高峰乘客
	长途客车站	1.0	—	车位/100 高峰乘客
	公交枢纽	0.5	3.0	车位/100 高峰乘客
游览场所	风景公园	2.0	5.0	车位/公顷占地面积
	主题公园	3.5	6.0	车位/公顷占地面积
	其他游览场所	2.0	5.0	车位/公顷占地面积

规划人口规模大于50万人的城市，普通商品房配建机动车停车位指标可采取1车位/户，配建非机动车停车位指标可采取2车位/户；医院的建筑物配建机动车停车位指标可采取1.2车位/100m² 建筑面积，配建非机动车停车位指标可采取2车位/100m² 建筑面积；办公类建筑物配建机动车停车位指标可采取0.65车位/100m² 建筑面积，配建非机动车停车位指标可采取2车位/100m² 建筑面积。

四、城市公共停车场

公共停车场的位置、规模应符合城市规划布局和道路交通组织需要，合理布置。在大型公共建筑、交通枢纽、人流与车流量大的广场等处均应布置适当容量的公共停车场。

按停放车辆类型，公共停车场可分为机动车停车场与非机动车停车场。

1. 机动车停车场

（1）设计原则与规定

①公用停车场的规模应按服务对象的要求、车辆到达与离去的交通特征、高峰日平均吸引车次总量、停车场地日有效周转次数，以及平均停放时间和车位停放不均匀性等因素，结合城市交通发展规划确定。

②公用停车场的停车区距所服务公共建筑出入口的距离宜采用50~100m。对于风景名胜区，当考虑到环境保护需要或受用地限制时，距主要入口可增至150~250m；对于医院、疗养院、学校、公共图书馆与居住区，为保持环境宁静，减少交通噪声或空气污染的影响，应使停车场与这类建筑物之间保持一定距离。

③停车场的出入口不宜设在主干路上，可设在次干路或支路上并远离交叉口；不应设在人行横道、公共交通停靠站及桥隧引道处；出入口的缘石转弯曲线切点距铁路道口的最外侧钢轨外缘应大于或等于30m；距人行天桥和人行地道的梯道口不应小于50m。

④停车场平面设计应有效地利用场地，合理安排停车区及通道，便于车辆进出，满足防火安全要求，并留出布设附属设施的位置。

⑤停车场内车位布置可按纵向或横向排列并分组安排，每组停车不应超过50辆；各组之间无通道时，亦应留出大于或等于6m的消防通道；设计时应以停车场停车高峰时所占比重较大的车型为设计车型，如有特殊车型，应以实际外廓尺寸为设计依据。

⑥停车场出入口不应少于两个，其净距宜大于30m；条件困难或停车容量小于50辆时，可设一个出入口，但其进出口应满足双向行驶的要求。停车场进出口净宽，单向通行的不应小于5m，双向通行的不应小于7m。

⑦停车场出入口应有良好的通视条件，视距三角形范围内的障碍物应清除，并设置交通标志。

⑧停车场的竖向设计应与排水设计相结合，坡度宜为0.3%~3%。

⑨停车场出入口及停车场内应设置交通标志、标线，以指明场内通道和停车车位。

（2）车辆的停放方式

停车场内车辆的停放方式影响到停车面积的计算、车位的组合及停车场的设计。按其与通道的关系，车辆的停放方式可分为：平行式、垂直式和斜放式。

①平行式停放方式。车辆平行于通行道(简称通道)的方向停放,如图7-1所示。这种方式的特点是所需停车带较窄,驶出车辆方便、迅速,但占地最长,单位长度内停放的车辆数最少。

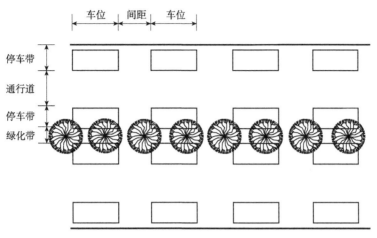

图7-1 平行式停放方式

②垂直式停放方式。车辆垂直于通行道的方向停放,如图7-2所示。此种方式的特点是单位长度内停放的车辆数最多,用地比较紧凑,但占地较宽,且在进出停车位时,需要倒车一次,因而要求通道至少有2条车道宽。布置时可两边停车,合用中间一条通道。

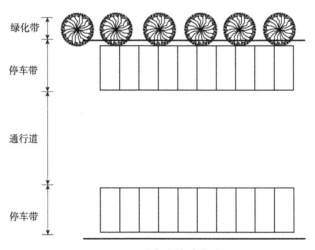

图7-2 垂直式停放方式

③斜放式停放方式。车辆与通道成一定角度停放,如图7-3所示。此种方式一般按30°、45°、60°三种角度停放。其特点是停车带的宽度随车身长度和停放角度不同而异,适宜于场地受限制时采用。这种方式车辆出入及停车均较方便,故有利于迅速停置和疏散,其缺点是单位停车面积大(因部分三角块利用率不高),特别是30°停放,用地最费,故较少采用。

以上三种停放方式各有优缺点,选用何种方式布置应根据停车场的性质、疏散要求和用地条件等因素综合考虑。我国一些城市较多采用平行式和垂直式停车方式。

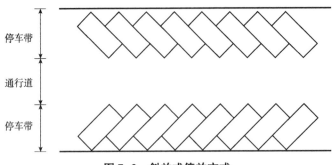

图 7-3　斜放式停放方式

(3) 停车带和通道宽度的确定

停车带和通道是停车场的主要组成部分，其宽度的确定与下列因素有关：设计时所选定的车型、车辆停发车方式。

① 车型的确定。车辆种类不同，其尺寸大小各异。不同性质的停车场，停放不同类型的车辆，则需要不同的停车面积。《城市公共停车场工程项目建设标准》（建标 128—2010）将停车场设计车型划分为微型汽车、小型汽车、中型汽车、大型汽车和铰接车，各车型的外廓尺寸和换算系数见表 7-5。

表 7-5　停车场设计车型外廓尺寸和换算系数

车辆类型		各类车型外廓尺寸（m）			车辆换算系数
		总长	总宽	总高	
机动车	微型汽车	3.20	1.60	1.80	0.70
	小型汽车	5.00	2.00	2.20	1.00
	中型汽车	8.70	2.50	4.00	2.00
	大型汽车	12.00	2.50	4.00	2.50
	铰接车	18.00	2.50	4.00	3.50

② 车辆停发方式。由于车辆进入停车位和发车状况不同，其所需回转面积和通道的宽度亦不相同。一般车辆有下列三种停发方式：一是前进式停车，后退式发车；二是后退式停车，前进式发车；三是前进式停车，前进式发车。上述三种方式中，常采用的是后退式停车、前进式发车，其优点是发车迅速方便，占地亦不多。前进式停车、前进式发车虽更为方便，但占地面积较大，除有特殊要求外，一般较少采用。

机动车停车场的停车带尺寸及通道宽度规定见表 7-6。表中 I 类车型指微型汽车，II 类车型指小型汽车，III 类车型指中型汽车，IV 类车型指大型汽车，V 类车型指铰接车。

③ 单位停车面积的确定。单位停车面积是停放一辆汽车所需的用地面积，它与车辆尺寸和停发方式、通道的条数、车辆集散要求，以及绿化面积等因素有关。一般在设计停车场时，可按使用和管理要求，预估停车数量和了解停车类型、停车方式，以确定停车场面积。图 7-4 为按两种不同停车方式计算单位停车面积的图式。

表 7-6 机动车停车场的停车位尺寸及通道宽度

单位：m

停车方式		垂直通道方向的停车位宽度					平行通道方向的停车位宽度					通道宽度				
		Ⅰ	Ⅱ	Ⅲ	Ⅳ	Ⅴ	Ⅰ	Ⅱ	Ⅲ	Ⅳ	Ⅴ	Ⅰ	Ⅱ	Ⅲ	Ⅳ	Ⅴ
平行式		2.6	2.8	3.5	3.5	3.5	5.2	7.0	12.7	16.0	22.0	3.0	4.0	4.5	4.5	5.0
斜列式	30° 前进停车	3.2	4.2	6.4	8.0	11.0	5.2	5.6	7.0	7.0	7.0	3.0	4.0	5.0	5.8	6.0
	45° 前进停车	3.9	5.2	8.1	10.4	14.7	3.7	4.0	4.9	4.9	4.9	3.0	4.0	6.0	6.8	7.0
	60° 前进停车	4.3	5.9	9.3	12.1	17.3	3.0	3.2	4.0	4.0	4.0	4.0	5.0	8.0	9.5	10.0
	60° 后退停车	4.3	5.9	9.3	12.1	17.3	3.0	3.2	4.0	4.0	4.0	3.5	4.5	6.5	7.3	8.0
垂直式	前进停车	4.2	6.0	9.7	13.0	19.0	2.6	2.8	3.5	3.5	6.0	6.0	9.5	10.0	13.0	19.0
	后退停车	4.2	6.0	9.7	13.0	19.0	2.6	2.8	3.5	3.5	6.0	4.2	6.0	9.7	13.0	19.0

如图7-4(a)所示,垂直于通道停放时,单位停车面积可按下式计算:

$$A = (l+0.5)(b+c_1) + (b+c_1)\frac{w_1}{2} \quad (7-12)$$

如图7-4(b)所示,平行于通道停放时,单位停车面积可按下式计算:

$$A = (l+c_2)(b+1.0) + (l+c_2)\frac{w_2}{2} \quad (7-13)$$

式中:A——单位停车面积,m^2;

l——车身长度,m;

b——车身宽度,m;

c_1——垂直停放时两车车厢之间的净距,m;

c_2——平行停放时两车车厢之间的净距,m;

w_1——垂直式停车通道宽度,m;

w_2——平行式停车通道宽度,m。

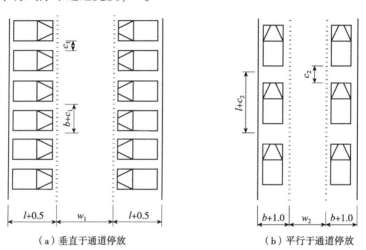

(a)垂直于通道停放　　　　(b)平行于通道停放

图7-4　单位停车面积计算图

机动车停车场的单位停车面积规定见表7-7。表中Ⅰ类车型指微型汽车,Ⅱ类车型指小型汽车,Ⅲ类车型指中型汽车,Ⅳ类车型指大型汽车,Ⅴ类车型指铰接车。

表7-7　机动车停车场的单位停车面积　　　　　　　　　　　　　　m^2

停车方式			单位停车面积				
			Ⅰ	Ⅱ	Ⅲ	Ⅳ	Ⅴ
平行式			21.3	33.6	73.0	92.0	132.0
斜列式	30°	前进停车	24.4	34.7	62.3	76.1	78.0
	45°	前进停车	20.0	28.8	54.4	67.5	89.2
	60°	前进停车	18.9	26.9	53.2	67.4	89.2
	60°	后退停车	18.2	26.1	50.2	62.9	85.2

(续)

停车方式		单位停车面积				
		Ⅰ	Ⅱ	Ⅲ	Ⅳ	Ⅴ
垂直式	前进停车	18.7	30.1	51.5	68.3	99.8
	后退停车	16.4	25.2	50.8	68.3	99.8

2. 非机动车停车场

由于自行车体积小、使用灵活、对场地的形状和大小要求比较自由，布置设计也简单。目前，在自行车较发达的城市，自行车停车场非常缺乏，特别是大型公共建筑、地铁站、商业中心、体育场等附近的自行车停车场往往容量不够，造成自行车到处停放，既妨碍干路交通，威胁行人安全，又影响市容。因此，在城市规划中和设计大型公共建筑时，需要合理选择自行车停车场的位置，并根据具体条件进行设计。

(1) 自行车停车场的种类

①固定的专用停车场。此类停车场设有固定的自行车支架及车棚(也有露天的)，并设有专职管理人员。

②临时性的停车场。没有经常停车的地点，根据聚会活动的临时需要，用绳圈划场地作停车使用，其场地无停车支架和车棚等设施。

③街道停车场。在繁华街道两侧的商店或交通换乘站附近的人行道上，利用部分用地设置的停车场，以及小街小巷(胡同、里弄)内的停车场(或寄存处)。此类自行车停车场为数最多，是目前解决自行车停车场缺乏的主要方式，可随时改换地点，其场地大小可根据情况随时调整。

(2) 自行车停车场的设计

自行车停车场设计应遵循以下原则：

①自行车停车场的规模应根据所服务的公共建筑性质、平均高峰日吸引车次总量、平均停放时间、每日场地有效周转次数及停车不均衡系数等确定。

②自行车停车场出入口不应少于两个。出入口宽度应满足两辆车同时进出，一般为2.5~3.5m。场内停车区应分组安排，每组场地长度为15~20m为宜。

③场地铺装应平整、坚实、防滑。坡度不宜大于4%，最小坡度为0.3%；停车区宜有车棚、存架等设施。

④自行车停车场应结合道路、广场和公共建筑布置，划定专门用地，合理安排。

五、停车位标志与标线设置

1. 停车位标志设置

停车位标志的设置应符合下列规定：

①对允许机动车停放的区域或通道，应设置停车位标志。

②对允许机动车在特定时段停放的区域或通道，应设置限时段停车位标志。

③对允许机动车在规定时长内停放的区域或通道，应设置限时长停车位标志。

④对仅允许残疾人驾驶车辆停放的区域或通道，应设置残疾人专用停车位标志。

⑤对仅允许校车停放的区域或通道，应设置校车专用停车位标志。
⑥对仅允许出租车停放的区域或通道，应设置出租车专用停车位标志。
⑦对仅允许非机动车停放的区域或通道，应设置非机动车专用停车位标志。
⑧对仅允许公交车停放的区域或通道，应设置公交车专用停车位标志。
⑨对仅允许单位或个人专属车辆停放区域或通道，应设置专属停车位标志。

如图 7-5 所示，通过对停车位标志单独使用或附加图形或采用辅助标志，可形成允许停车、限时段、限时长、残疾人专用、校车专用、出租车专用、公交车专用、非机动车专用等停车位标志。

（a）限时段停车位标志　　（b）限时长停车位标志
（c）残疾人专用停车位标志　　（d）校车专用停车位标志
（e）出租车专用停车位标志　　（f）非机动车专用停车位标志
（g）公交车专用停车位标志　　（h）专属停车位标志

图 7-5　各类停车标志

校车专用停车位标志宜和注意儿童警告标志配合使用，对停车方式有特殊需求时，可采用表示特殊要求的停车位标志，如图 7-6 所示。停车位标志应设置在允许车辆停放的区域或通道起点的适当位置，应配合停车位标线使用，不得矛盾。

2. 停车位标线设计

(1) 停车位标线设置条件

《城市道路交通标志标线设置规范》(GB 51038—2015) 规定，停车位标线设置条件如下：

(a) 按标志箭头指示方向停放　　(b) 可占用部分人行道边缘停放

图 7-6　特殊要求停车位标志

①在停车场或不影响正常交通运营及其他设施正常使用的路侧空地、车行道边缘或道路中适当位置，可设置机动车停车位标线；可根据需要设置专属停车位。在公共汽车站、加油站、消防队、变压器、消防水井等地点前后 30m 范围内不应设置机动车停车位标线。对需在限定的时段停放，其他时段禁止停放的地方，应设置机动车限时停车位。

②在出租车需等待客人的地点，可设置出租车专用待客停车位标线；仅允许出租车短时停车上下客，可设置出租车专用上下客停车位标线。

③在停车场或不影响正常交通运营及其他设施正常使用的路侧空地、人行道或道路中适当位置，可设置非机动车停车位标线。非机动车停车位设置应避开无障碍设施。

(2) 停车位标线颜色与尺寸

①非专属车位。非专属停车位标线应采用白色，机动车停车位标线宽度宜为 6~10cm。大中型车辆宜采用长 15.6m、宽 3.25m 车位尺寸；小型车辆宜采用长 6m、宽 2.5m 车位尺寸，极限宽度不应小于 2m。机动车限时停车位标线应为虚线边框，虚线的线段及间隔长度均应为 60cm，线宽应为 10cm，数字高度应为 60cm，虚线应和限时停车标志配合使用。

非机动车停车位标线宜由标示停车区域边缘的边线和划于其中的非机动车路面标记组成。已设置非机动车停车位标志的，可不施划非机动车路面标记。非机动车停车位标线宽度应为 10cm，每个停车区段长度不宜大于 20m，宽度宜为 1.8~2.0m。非机动车停车位标线应包围非机动车停车架等设施。

②专属车位。出租车停车位标线应采用白色，其他专属机动车的停车位标线应采用黄色。出租车专用待客停车位标线应为实线边框，出租车专用上下客停车位标线应为虚线边框；线宽应为 10cm，每个车位长度应为 6m、宽度应为 2.5m；边框内附加"出租车"文字，字高应为 120cm、字宽应为 80cm、字间距应为 50cm，文字沿出租车行驶方向应由远及近纵向排列。当需设置校车、救护车、消防车等的专属停车位时，应在停车位内标注对应的专属车辆的文字。

残疾人专用停车位标线，应在停车位标线内布置残疾人专用停车位路面标记，在两侧设置黄色网格线；黄色网格线应由外围线和内部填充线两部分组成，外围线线宽应为 20cm，外围线长度应与停车位标线长度相同，外围线宽度应为 120cm，内部填充线线宽应为 10cm，和外围线夹角应为 45°。

(3) 附加箭头设计

机动车停车位标线可布置为平行式、倾斜式、垂直式；可根据需要在停车位标线内布置附加箭头，箭头朝向应为车头方向，如图 7-7 所示。

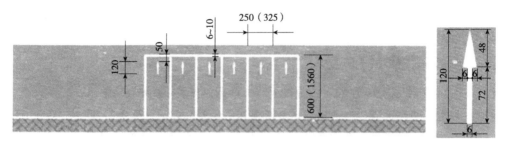

图 7-7　固定停车方向停车位标线设置示例（单位：cm）

第四节　路内停车位设计

一、设计原则

路内停车位设计应遵循以下原则：

①路内停车位的设置应遵循保障道路交通有序、安全、畅通的原则。

②路内停车位不应侵占消防车通道、盲道及行人过街设施。

③路内停车位的设置应综合考虑道路、交通运行等条件，并兼顾停车需求。

④路内停车泊的设置应严格控制总量，宜采用收费管理提高停放周转率，通过差异化收费提高停车位使用率。

⑤以下路段和区域不应设置路内停车位：快速路主路；人行横道；主干路、次干路交叉口渐变段起点开始的路段，若交叉口未展宽则距离交叉口停止线50m以内的路段；支路距离交叉口停止线20m以内的路段；铁路道口、急弯路、宽度不足4m的窄路、桥梁、陡坡、隧道及距离50m以内的路段；公交车站、急救站、加油站或消防队（站）门前及距离30m以内的路段；水、电、气等地下管道工作井及1.5m以内的路段。

二、设置条件

1. 安全停车视距

路内停车位设置后应保证道路沿线出入口的安全停车视距，安全停车视距应符合表7-8的规定。

表7-8　安全停车视距

道路设计速度（km/h）	60	50	40	30	20
安全停车视距（m）	70	60	40	30	20

2. 道路宽度条件

参照《城市道路路内停车位设置规范》（GA/T 850—2021），占用车行道设置路内停车位后，车道剩余宽度应符合表7-9的规定。

表 7-9　设置路内停车位后车行道剩余宽度

通行条件	停车位排列方式		车行道路面剩余宽度(m)
机动车双向通行道路	—		≥6.0
机动车单向通行道路	平行式		≥4.0
	斜列式	30°	≥4.0
		45°	≥4.0
		60°	≥4.2
	垂直式		≥5.5

设置有机非分隔带的非机动车道，设置路内停车位后非机动车道剩余宽度不宜小于3.0m，最小不应小于2.5m。

占用部分人行道设置港湾式路内停车位后的人行道剩余宽度不宜小于表 7-10 的最小值规定，当道路空间受限时可采用最小值。

表 7-10　设置港湾式路内停车位后人行道剩余宽度

项目	一般值(m)	最小值(m)
各级道路	3	3
商业或公共场所集中路段	5	4
火车站、码头附近路段	5	4
长途汽车站附近路段	4	3

在人行道上设置路内停车位时应有供车辆进出的出入口，并且设置停车位后应保证行人通行空间的连续性、安全性，人行道剩余宽度不宜小于表 7-11 的规定。

表 7-11　人行道设置路内停车泊位后剩余最小宽度

停车位排列方式		车行道路面剩余宽度(m)
平行式		4.0
斜列式	30°	4.0
	45°	4.0
	60°	4.2
垂直式		5.5

2. 交通运行条件

表 7-12~表 7-14 分别列出的占用机动车道、非机动车道及机非混合车道设置停车泊位的饱和度（V/C）条件，可作为是否设置路内停车带的判断依据。

表 7-12　占用机动车道设置停车泊位的 V/C 值

机动车单侧道路高峰小时饱和度 V/C	泊位设置
$V/C<0.8$	可设置
$V/C\geqslant0.8$	不可设置

表 7-13　占用非机动车道设置停车泊位的 V/C 值

非机动车单侧道路高峰小时 V/C	泊位设置
$V/C<0.85$	可设置
$V/C\geqslant0.85$	不可设置

表 7-14　占用机非混行道设置停车泊位的机动车平均速度

机动车平均行程速度(km/h)	泊位设置
$\geqslant10$	可设置
<10	不可设置

注：两项 V/C 比值，达到其中一种即可。

第八章 步行系统交通设计

我国是一个人口大国，慢行交通具有提高短程出行效率、填补公交服务空白、促进交通可持续发展等积极作用，是城市居民普遍使用的交通方式，是机动车交通所无法替代的。步行系统是慢行交通的重要组成部分，本章主要介绍步行系统的术语和定义、步行网络设计、步行空间设计、步行环境设计、无障碍设计。

第一节 相关术语和设计原则

一、相关术语

1. 路侧带

车行道外侧立缘石的内缘与道路红线之间的范围称为路侧带，路侧带一般由人行道、绿化带和设施带等组成。

2. 步行道

步行道是指沿城市道路两侧布置的步行通道，包括人行道、绿化带和设施带，有临街建筑时也可包括路侧带外的建筑退线空间。

3. 人行道

路侧带中专供行人通行的部分称为人行道，也称步行通行区或步行通行带，其宽度为步行道的有效宽度。

4. 绿化带

绿化带指路侧带中为行车及行人遮阳并美化环境，保证植物正常生长的条形场地。

5. 设施带

设施带是指路侧带中为护栏、灯柱、标志牌、座椅、自行车停车设施、公交站台、变电箱、书报亭等公共服务设施提供的条形场地。绿化带与设施带都是城市步行道的重要组成部分，可根据实际情况将绿化带与设施带结合设置。

6. 行人决策点

行人决策点是指行人在行进过程中需要对路径做出决策的地点，如步行道起止点、转折处、分岔处等。

7. 建筑退线

建筑退线是指要求部分或全体建筑构造或其附属设施外立面水平退离道路红线进行建造的三维控制线。

8. 建筑前区

建筑前区是指人行道与临街建筑之间的区域，为开门、台阶、建筑雨棚、市政设施、橱窗、标志牌和人流集散等提供必要的空间，是城市步行道的重要组成部分，建筑退线空间和绿化带或设施带也可视为建筑前区的部分。

9. 建筑贴线

为保证街道界面的完整性与城市空间的整体性所划定的三维控制线称为建筑贴线，部分或全体建筑物外立面在一定高度内需紧贴该线建造。

10. 无障碍标志

无障碍标志是指由专为轮椅利用者(老年人、肢体残疾人、伤病人等)、视觉障碍者使用的图形符号、文字(包括盲文)和有关设备设施等构成，用于提供导向、位置、综合信息服务的标志。

11. 稳静化措施

稳静化措施是道路设计中一系列工程和管理措施的总称，目的是降低机动车车速、减少机动车流量，以改善道路周边居民的生活环境，同时保障步行和自行车交通使用者的安全。

二、设计原则

1. 安全性原则

①应优先保障步行交通使用者在城市交通系统中的安全性，在满足安全性的前提下统筹考虑连续性、方便性、舒适性等要求。

②应保障步行交通通行空间，不得通过挤占步行道方式拓宽机动车道，杜绝安全隐患。

③步行道应通过各种措施与机动车道隔离，不应将绿化带等物理隔离设施改造为护栏或划线隔离，不得在人行道上施划机动车停车位。

④在过街设施、道路照明、市政管线、街道界面等的设计和维护中应考虑步行交通使用者的安全，降低交通事故或受犯罪侵害的风险。

2. 连续性原则

①应根据不同等级的城市道路布局与两侧用地功能，结合滨水、公园、绿地空间，形成由城市道路两侧步行道、步行专用路构成的步行交通网络，保证行人和自行车通行的连续、通畅。

②在步行交通网络与铁路、河流、快速路等相交时，应通过工程及管理措施保障步行交通安全、连续通行。

③应研究探索步行交通穿越公园、小区以及大院的可行措施，增强网络密度，提高连通性。

④在设计道路交叉口和过街设施时，应特别注意人行道的连续性，避免出现断点。

3. 方便性原则

①在既有城区改造、新区建设、轨道交通、环境综合整治等重大项目实施过程中，应充分考虑步行交通系统设施布局，并可贯通周边公园、大型居住区内部路网，作为城市路

网的补充，形成步行交通系统的便捷路径，完善步行微循环系统。

②鼓励结合城市水体、山体、绿地、大型商业购物区和文体活动区，建设步行专用道路或禁车的步行街（区）；在城市滨水空间和公园绿地中应设置步行专用路，方便居民休闲、健身和出行。

③步行网络布局应与城市公共空间节点、公共交通车站等吸引点紧密衔接，步行网络应与目的地直接连通，以提高效率和方便使用。

④应特别注意步行系统的无障碍设计，以方便老人、儿童及残障人士出行。

4. 舒适性原则

①在道路新建、改造和其他相关建设项目过程中，应保证步行通行空间和环境品质，保障系统舒适性。

②除满足基本通行需求外，还应结合不同城市分区特点，结合周围建筑景观，建设完善的林荫绿化、照明排水、街道家具、易于识别的标志及无障碍等配套设施，尽量提供遮阳遮雨设施，提高舒适程度和服务水平。

③应与城市景观、绿地、旅游系统相结合，将步行道与城市景观廊道、绿色生态廊道、休闲旅游热线合并设置，尽可能串联城市重要景观节点和公共开敞空间，提升整体环境品质。

④在兼顾经济实用的前提下，应考虑地面铺装、植物配植、照明、标识及城市家具的美观性，力求体现当地环境特色，彰显地方文化特质。

5. 其他原则

城市步行交通系统设计还应遵守以下原则：

①应着重处理好步行交通系统与公共交通系统的衔接，优化换乘环境，明确车站与目的地的联系，形成贯通一体的出行链，拓展公共交通覆盖范围，增强公共交通的吸引力。

②市政设施、管线应结合绿化带、设施带布置，并考虑与周边环境的适应和协调，不得影响行人通行。

③公共服务设施应结合沿线区域的需求进行设置，并考虑与周边建筑已有服务设施整合，避免重复，不得影响行人通行的安全与顺畅。

④核心商业区、活动聚集区、广场等行人流量较大的区域，应适当提高步行交通设施标准，满足行人通行和休憩要求。

第二节　步行网络设计

一、一般规定

步行网络由各类步行道路和过街设施构成，步行道路可分为步行道、步行专用路两类。步行道指沿城市道路两侧布置的步行通道；步行专用路主要包括以下类型道路或通道空间：

①空间上独立于城市道路的步行专用通道，如公园、广场、景区内的步行通道，滨海、滨河、环山的步行专用通道和专供步行通行的绿道。

②建筑物及其他城市设施间相连接的立体步行系统。

③通过管理手段、铺装差异等措施禁止（或分时段禁止）除步行外的交通方式通行的各类通道，如商业步行街，历史文化步行街等。

④横断面或坡降设置上不具备机动车通行条件，但步行可以通行的各类通道，如横断面较窄的胡同、街坊路、小区路等。

⑤其他形式的步行专用通道。

公园、景区内的步行专用通道为城市步行专用路的重要组成部分，应向社会开放。如现阶段确需封闭管理的，应预留远期开放的可能性。

步行网络设计中应明确步行交通应承担的功能，明确步行分区及步行道路分级。

山地城市应充分利用山地地形，布设独立于城市道路网络的便捷步道网络，如山城步道、步行隧道或立体步行系统等，并加强标识引导。

二、步行分区

1. 步行分区的目的与方法

(1) 步行分区的目的

步行分区主要目的是体现城市不同区域之间的步行交通特征差异，确定相应的发展策略和政策，提出差异化的规划设计要求。

(2) 步行分区的方法

步行分区方法应结合步行系统规划发展目标，重点考虑步行交通聚集程度、地区功能定位、公共服务设施分布、交通设施条件等因素，各城市可根据具体情况确定分区类别与原则。步行分区一般可划分为三类：步行Ⅰ类区、步行Ⅱ类区和步行Ⅲ类区。

2. 步行Ⅰ类区

(1) 覆盖区域

步行Ⅰ类区是步行活动密集程度高，须赋予步行交通方式最高优先权的区域，应覆盖但不限于：

①人流密集的城市中心区。

②大型公共设施周边（如大型医院、剧场、展馆）。

③主要交通枢纽（如火车站、轨道车站、公共交通枢纽）。

④城市核心功能区（如核心商业区、中心商务区和政务区）。

⑤市民活动聚集区（如滨海、滨河、公园、广场）等。

(2) 步行Ⅰ类区交通设计

步行Ⅰ类区应单独进行专项步行交通设计，建设高品质步行设施和环境，并通过有效的交通管制措施，合理地组织机动车交通和停车设施，鼓励设置行人专用区，创造步行优先的街区。

步行Ⅰ类区内大型商业、办公、公共服务设施集中的区域可根据实际需要，建立高效连通和多功能化的立体步行系统，将地面步行道、行人过街设施和公共交通、公共开放空间、建筑公共活动空间等设施有机连接，形成系统化的步行网络。

步行Ⅰ类区应采取严格的交通管制措施，积极实行交通稳静化措施，主干路以下道路机动车应限速行驶，主、次干路严禁路内停车。

3. 步行Ⅱ类区

步行Ⅱ类区是步行活动密集程度较高，步行优先兼顾其他交通方式的区域，应覆盖但不限于：

①人流较为密集的城市副中心。
②中等规模公共设施周边（如中小型医院、社区服务设施）。
③城市一般功能区（如一般性商业区、政务区、大型居住区等）。

4. 步行Ⅲ类区

步行Ⅲ类区是步行活动聚集程度较弱，满足步行交通需求，给予步行交通基本保障的区域，主要覆盖以上两类区域以外的地区。

步行Ⅱ、Ⅲ类区域应重点协调步行与其他交通方式的关系，保障步行的基本路权，以及安全、连续、方便的基本要求。在人行道宽度、步行网络密度、过街设施间距与形式等方面体现不同分区的差异性。

5. 不同分区步行道路密度和平均间距

不同分区步行道路密度和平均间距应满足表8-1的规定，步行道路密度指步行专用路和城市道路两侧步行道的密度之和，其中城市道路两侧步行道密度按照城市道路路网密度计算。对于城市建成区，步行道路密度偏低的分区宜加强步行专用路建设。

表8-1 步行道路密度与平均间距

步行分区	步行道路密度（km/km²）	步行道平均间距（m）
Ⅰ类区	14~20	100~150
Ⅱ类区	10~14	150~200
Ⅲ类区	6~10	200~300

三、步行道路分级

1. 步行道路分级的目的与方法

(1) 步行道路分级的目的

步行道路分级的主要目的是明确不同类型步行道路的功能和作用，体现步行道路级别与传统城市道路级别之间的差异性和关联性，并提出差别化的规划设计要求。

(2) 步行道路分级的方法

步行道路级别主要由其在城市步行系统中的作用和定位决定，考虑现状及预测的步行交通特征、所在步行分区、城市道路等级、周边建筑和环境、城市公共生活品质等要素综合确定。

沿城市道路两侧布置的步行道，可分为三级：一级步行道、二级步行道和三级步行道。

2. 各级步行道

(1) 一级步行道

一级步行道人流量很大,街道界面活跃度较高,是步行网络的重要构成部分,主要分布在以下区域:

①城市中心区。
②重要公共设施周边。
③主要交通枢纽。
④城市核心功能区。
⑤市民活动聚集区等地区的生活性主干路。
⑥人流量较大的次干路。
⑦断面条件较好、人流活动密集的支路。
⑧沿线土地使用强度较高的快速路辅路。

(2) 二级步行道

二级步行道人流量较大,街道界面较为友好,是步行网络的主要组成部分,主要分布在以下区域:

①城市副中心。
②中等规模公共设施周边。
③城市一般功能区(如一般性商业区、政务区、大型居住区)等地区的次干路和支路。

(3) 三级步行道

三级步行道以步行直接通过为主,街道界面活跃度较低,人流量较小,步行活动成分多为简单穿越,与两侧建筑联系不大,是步行网络的延伸和补充,主要分布在以下区域:

①以交通性为主,沿线土地使用强度较低的快速路辅路、主干路。
②城市外围地区、工业区等人流活动较少的各类道路。

四、步行道路隔离方式与过街设施布局

1. 步行道路隔离方式

步行道路的隔离方式应综合考虑步行道路是否专用、道路横断面宽度、机动车车速与流量、两侧建筑环境等要素,并符合以下规定:

①步行专用路应采取有效的管理措施禁止机动车进入,允许自行车通行的应采取隔离措施。
②步行道应和相邻的机动车道或自行车道物理隔离,可采取绿化带隔离、设施带隔离、高差隔离等。
③应避免步行道与自行车道共板设置,保障行人安全。

2. 行人过街设施布局

行人过街设施包括交叉口平面过街、路段平面过街和立体过街(人行天桥与地道),一般情况下应优先采用平面过街方式。

(1) 行人过街设施间距

居住、商业等步行密集地区的过街设施间距不应大于250m，步行活动较少地区的过街设施间距不宜大于400m。不同分区、不同级别步行道的行人过街设施间距推荐指标见表8-2。

表8-2 行人过街设施间距   m

	步行Ⅰ类区	步行Ⅱ类区	步行Ⅲ类区
一级步行道	130~200	200~250	250~300
二级步行道	150~200	200~300	300~400
三级步行道	200~250	250~400	400~600

(2) 重点公共设施出入口与周边行人过街设施间距

重点公共设施出入口与周边行人过街设施间距宜满足下列要求：

①行人过街设施距公交站及轨道站出入口不宜大于30m，最大不应大于50m。

②学校、幼儿园、医院、养老院等门前应设置人行过街设施，过街设施距单位门口距离不宜大于30m，最大不应大于80m。

③行人过街设施距居住区、大型商业设施公共活动中心的出入口不宜大于50m，最大不应大于100m。

(3) 行人立体过街设施布局

跨越城市快速路主路时应设置行人立体过街设施，以下情况可优先采用立体过街方式，并应与周边建筑出入口整合考虑：

①高密度人流集散点附近且机动车流量较大区域，如大型多层商业建筑、轨道车站、快速公交（BRT）车站、交通枢纽、大型文体场馆、学校等周边地区。

②曾经发生重、特大道路交通事故的地点，且在分析事故成因基础上认为确有必要设置行人立体过街设施的。

五、立体步行系统

1. 立体步行系统定义

立体步行系统是指将平面步行系统与空中步行系统（图8-1）、地下步行系统（图8-2）进行网络化整合，把各类步行交通组织到地上、地面和地下三个不同平面中，实现建筑之间、建筑与轨道车站之间以及与道路空间内部便捷联系的步行系统。

2. 立体步行系统设计

设置立体步行系统时，应同时保证地面步行和自行车空间的连续性，并结合过街天桥、地道等设施，有效衔接立体与地面步行空间。

空中步行系统应与地上轨道交通车站，以及建筑的商业娱乐、观光休憩、入口广场和共享平台等功能空间结合设置。

地下步行系统应与地下轨道交通车站、地下停车库、地下人防设施等紧密衔接，共享通道和出入口。

设置立体步行系统时，**应建立投资、建设、运营、维护的协调保障机制，确保立体步行系统安全、连续、整洁、有序运行。**

图 8-1 空中步行系统

图 8-2 地下步行系统

第三节　步行空间设计

一、步行道横断面与宽度

1. 步行道横断面

（1）横断面组成

步行道横断面设计应结合城市区位、功能定位和路侧用地属性，兼顾行人通行和停留需求。应妥善协调步行道与自行车道、路侧停车的关系。步行道横断面可划分为人行道、绿化带或设施带，以及建筑前区，如图 8-3 所示。

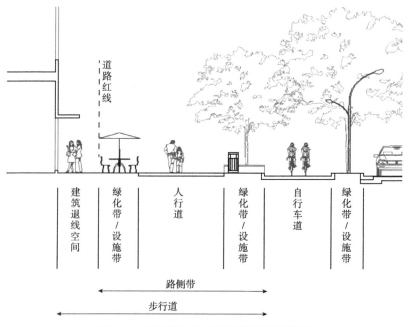

图 8-3 步行道和自行车道横断面示意图

(2) 横断面分区

步行道横断面分区的主要目的是明确不同分区的功能和作用,并提出自身连续性以及差别化的设计要求,实现步行道的精细化设计。《城市道路工程设计规范(2016 年版)》(CJJ 37—2012)规定人行道外缘与道路红线之间可设置绿化带或设施带;建议将其与建筑退线空间共同作为建筑前区(除路侧用地确需封闭管理的情况),在设计道路横断面和建筑时一体化考虑,灵活布置绿化或街道家具,弱化道路红线对步行空间的分割。各分区应保证连续,避免分区间发生重叠或冲突,如图 8-4 所示。

图 8-4 步行道横断面分区实例

2. 步行道宽度

(1) 人行道宽度

除不设辅路的快速路外,城市各等级道路均应设置人行道。人行道单侧宽度一般应符合表 8-3 中的数值,对于中心商务区、核心商业区、交通枢纽周边等人流量特别大的特殊区域,人行道宽度应通过专项计算确定,以满足通行需求。

表 8-3 人行道单侧宽度推荐值 m

城市道路等级	步行道等级		
	一级	二级	三级
快速路(辅路)	4.0~5.0	2.5~4.5	2.5~3.0
主干路	4.5~7.0	3.5~5.5	3.0~3.5
次干路	4.5~6.5	3.5~5.0	3.0~3.5
支路	4.0~5.0	2.5~4.5	2.0~2.5

(2) 设施带或绿化带宽度

设施带或绿化带的宽度不得小于 0.5m,有行道树的不得小于 1.5m,并应满足表 8-4

中不同街道家具的最小净宽要求。当行道树池上铺设有与人行道共面的透水材料时,行道树设施带的1/2宽度可计入人行道宽度。

(3) 路侧带宽度

在城市道路横断面设计时,应按照《城市道路工程设计规范(2016年版)》(CJJ 37—2012)的规定,将路侧带划分为人行道和绿化带、设施带,并明确给出各部分宽度。

路侧带总宽度应主要考虑道路步行道等级和所在步行分区,并符合表8-5的规定。一般情况下,步形Ⅰ类区的各级步行道横断面宽度取上限值,步形Ⅱ类区取中间值,步形Ⅲ类区取下限值。

表8-4 不同街道家具的最小净宽

街道家具类型	最小净宽(m)
护栏	0.25~0.5
路灯、垃圾箱、邮箱、报刊栏、咪表、小型变电箱、电线杆、小型设备箱、指示牌	0.5~1.0
座椅、电话亭	1.0~1.6
报刊亭、设备箱、变电箱、检修井	1.6~2.0
自行车停车设施、常规公交站台	2.0~2.5
快速公交站台、人行天桥楼梯、人行地道出入口、轨道车站出入口	3.0~6.0

表8-5 路侧带宽度

步行道等级	一级	二级	三级
路侧带宽度(m)	4.5~8.0	3.0~6.0	2.5~4.0

(4) 改建路段步行道宽度

改建路段若受实际条件限制,步行道宽度可适当调整,但不得小于原有宽度,应优先保证人行道宽度及连续性。步行道横断面各分区的宽度调整原则如下:

① 道路空间不足时,应优先保证人行道和自行车道宽度以及机非物理隔离。可在保证道路横断面各分区最小宽度以及道路绿地率要求的前提下采取弹性设计,并依照下列次序缩减:中央隔离带及机动车道、绿化带、建筑前区、公交站台或出租车等候点处的设施带、公交站台以外的设施带。

② 对于现有步行和自行车空间不足的道路,鼓励通过道路改造削减机动车停车位、缩减机动车道或减小交叉口路缘石转弯半径,以优先保障步行和自行车交通系统空间。

二、步行专用路

1. 步行专用路宽度与街道空间尺度

(1) 步行专用路宽度

步行专用路的宽度应根据步行流量、承担功能、两侧用地性质等因素综合确定。

(2) 街道空间尺度

步行专用路应保持适宜的街道空间尺度，道路空间宽度与道路空间两侧围合物(建筑或绿化)高度的比值宜为 1∶1~1∶1.57。

(3) 步行街设计规定

①步行街的规模应适应各重要吸引点的合理步行距离，步行街长度不宜超过 1000m。

②步行街的宽度可采用 10~15m，其间可配置小型广场，步行道路和广场的面积，可按每平方米容纳 0.8~1.0 人计算。

③步行街与两侧道路的距离不宜大于 200m，步行街进出口距公共交通停靠站的距离不宜大于 100m。

④步行街附近应有一定规模的机动车和非机动车停车场，机动车停车场距步行街进出口的距离不宜大于 100m，非机动车停车场距步行街进出口的距离不宜大于 50m。

⑤步行街应满足消防车、救护车、送货车和清扫车等的通行要求。

三、步行过街设施

1. 平面过街设施

除城市快速路主路以外，一般情况下应优先采用平面过街方式，视过街行人与道路机动车流量大小，可分别采用信号控制或行人优先的人行横道过街。

(1) 路缘石缓坡处理

交叉口平面过街和路段平面过街应保持路面平整连续、无障碍物，遇高差应缓坡处理，路缘石缓坡处理正例如图 8-5 所示。

图 8-5　路缘石缓坡处理正例

(2) 人行横道阻车桩设置

应尽量遵循行人过街期望的最短路线布置人行横道等设施。人行横道线较宽时，应设置阻车桩防止机动车进入或借道行驶，以保护行人安全，如图 8-6 所示。

(3) 人行横道线与机动车停止线距离

具有两条及以上车道的道路，机动车停止线距离人行横道线不宜小于 3m，以提升外侧机动车道视野、减少交通信号交替时可能导致的行人与机动车冲突，如图 8-7 所示。

图 8-6　人行横道阻车桩设置正例

图 8-7　人行横道线与机动车停止线保持安全距离反例与正例

(4) 人行横道过街区域提示

对于行人过街需求较高的交叉口平面过街以及城市生活性道路上的路段平面过街,可采用彩色人行横道、不同路面材质的人行横道或抬高人行横道(抬高交叉口)来区分和提示过街区域,如图 8-8 所示。

图 8-8　人行横道做法正例

(5) 行人过街安全设计

① 交叉口渠化设计。交叉口渠化或拓宽旨在方便机动车通行,但使行人过街的安全性降低、距离增加,导致行人信号周期随之变长,这实际上也损失了机动车的通行时间,因此应尽量减少或妥善解决交叉口渠化或拓宽给行人过街造成的不便。确需对交叉口渠化或拓宽时,一条进口车道宽度可取 2.8~3.0m,不宜大于 3.25m。

在设置机动车右转安全岛时,应采取机动车减速标志标线等提示措施减弱过街行人和右转机动车的冲突,保障行人过街安全。

②行人过街安全岛。当人行横道长度大于16m时(不包括非机动车道),应在分隔带或道路中心线附近的人行横道处设置行人过街安全岛,安全岛宽度不应小于2.0m,困难情况下不应小于1.5m。行人过街安全岛可分为垂直式、倾斜式和栏杆诱导式,如图8-9所示。

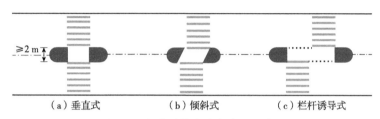

图8-9 行人过街安全岛类型示意图

③行人过街信号。行人过街绿灯信号相位间隔不宜超过70s,不得大于120s。鼓励行人过街与机动车右转的信号相位分离设置,并实行行人过街信号优先。

2. 立体过街设施

立体过街应设置适合自行车推行及为残障人群使用的坡道,有条件的应安装电梯、自动扶梯。立体过街设施宜与周边建筑、公交车站、轨道车站出入口以及地下空间整合设置,形成连续、贯通的步行系统。详细设计规定见第二章第三节中的"行人过街设施设计"部分。

3. 环形交叉口行人组织

环岛的交通组织应优先保障行人过街的安全,环岛各相连道路入口处应设置人行横道,行人过街需求较大的应设置行人过街信号灯,并与机动车信号灯相协调。详细设计规定见第二章第四节中的"非机动车道与人行道的布置"部分。

四、交叉口转角空间

1. 路缘石转弯半径

我国对于交叉口转角路缘石转弯半径的规定值偏大,对行人和自行车过街的安全构成威胁,且易导致人行横道和自行车过街带远离交叉口中心而增加过街距离。

交叉口右转弯行车设计速度宜为20km/h,对于行人和自行车过街流量特别大的路口宜为15km/h。参照《城市道路交叉口规划规范》(GB 50647—2011)中右转弯行车设计速度和路缘石转弯最小半径的对应关系表,取上限数值规定:无自行车道的交叉口转角路缘石转弯半径不宜大于10m,有自行车道的路缘石转弯半径可采用5m,采取较小路缘石转弯半径的交叉口应配套设置必要的限速标识或采取其他交通稳静化措施。交叉口转角路缘石转弯半径反例与正例如图8-10所示。

2. 路缘石缓坡处理

如图8-11所示,交叉口转角路缘石应缓坡处理,坡面宽度大于2.0m时应设置阻车桩,防止机动车进入,保护行人安全。

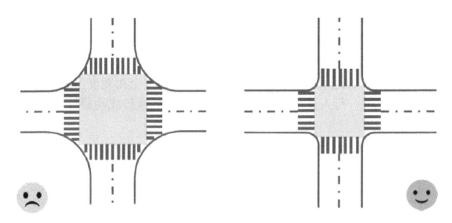

图 8-10 交叉口转角路缘石转弯半径反例与正例

图 8-11 交叉口转角设置阻车桩反例与正例

3. 视距保证

交叉口转角空间设置交通设施、绿化和街道家具时，不应影响行人通行和机动车视距。视距三角形限界内，不得布设任何高出道路平面标高 1.0m 且影响驾驶人视线的物体。交叉口转角阻碍通行反例如图 8-12 所示。

图 8-12 交叉口转角阻碍通行反例

第四节 步行环境设计

一、路面铺装

1. 缓坡处理

步行路面铺装应平整,并保证排水坡度。高差变化时应采用缓坡处理,不应采用台阶踏步形式,如图8-13所示。

图 8-13 步行道遇高差处理反例与正例

2. 铺装设计

步行路面铺装应采用透水性、防滑、舒适、耐久、经济的材料。在步行道起止点、转折处、分岔处等行人决策点,可变换路面铺装的材质、色彩或铺排方式,以示区分。

二、街道家具

街道家具泛指在步行道内为各类使用需求而设置的设施。街道家具应舒适、耐久、实用、易于维护,宜统一风格、有识别性,并与周边建筑和环境相协调。

1. 街道家具布置

街道家具应布置在设施带、绿化带或建筑前区内,避免占用人行道或阻碍通行。市政及其附属设施宜结合绿化带设置,并采取安全防护措施,各类街道家具的最小净宽要求参见表8-4。街道家具布置反例与正例如图8-14所示。

图 8-14 街道家具布置反例与正例

2. 街道家具设计规定

座椅、遮蔽设施和公共艺术是提升步行环境品质的重要元素，其设计应符合以下规定：

①座椅应结合公交站点、公共建筑出入口、绿道等人流量较大的路段和场所布置，宜使用木材为主，设置靠背和扶手，并通过设计或材料达到透水、宜干的效果。

②遮蔽设施包括建筑挑檐、独立构筑物和骑楼等。鼓励在重点步行片区内形成连续、有效、美观的遮蔽设施系统，以遮阴为主要功能的宜结合乔木绿化一体化设置。

③公共艺术应与周边环境的空间尺度相协调。鼓励公共艺术与街道家具一体化设计，提升街道或区域的特色。

3. 照明设计

照明是保证步行环境安全的重要元素，路灯的间距和照度应保证夜间安全，并避免光污染。安全问题突出的重点区域应加强照明。步道照明宜采用节能灯具，并使用暖色调光源。

三、绿化设计

绿化是步行系统重要的组成部分，可采用乔木、灌木、地被植物相结合，竖向宜与道路排水设计相协调，实现雨水的资源化利用。

1. 绿化与街道家具结合设置

应优先采用乔木绿化，发挥其遮阴功能，并与座椅、自行车停车设施等街道家具结合设置，方便人们等候、停留和活动。

乔木结合座椅设置反例与正例如图 8-15 所示。

图 8-15　乔木结合座椅设置反例与正例

2. 树池设计

行道树绿化宜采用平树池形式，即树池缘石与人行道的地面铺装平齐，可上置盖板，方便行人借用通行，如图 8-16 所示。

3. 绿化带设计

当城市生活性道路的绿化带采用灌木绿化或草坪绿化时，不应长距离连续设置，避免对行人灵活穿越造成阻隔，绿化带设置反例（绿化带阻隔行人穿越）与正例如图 8-17 所示。

图 8-16　平树池正例

图 8-17　绿化带设置反例（绿化带阻隔行人穿越）与正例

4. 苗木种类与高度

应优先选用适宜本地、生长快、树冠分散、高度适宜、无毒无害的绿化植物。不得滥用名贵树种。避免选择根系过于发达的树种，以免损害市政设施。

被人行横道或道路出入口断开的分车绿带端部，苗木设置高度应在 0.9m 以下，控制长度范围应满足停车视距要求，保证行人和车辆的视线通透。根据行车速度和驾驶人制动反应距离，建议主干路、次干路、支路路段平面过街设施前（来车方向）绿化带的限高长度分别取 60m、40m、25m，在交叉口平面过街设施前绿化带的限高长度取 20m。

四、指示标识

指示标识信息宜包括地名、交通设施、游客中心、公园及景点、商贸购物、公共机构、公厕等。鼓励因地制宜设置节能、高效、易于维护的智能信息标识，以满足指示路况、停车空位、交通事故、交通管控和天气等信息的时效性要求。

1. 与街道家具整合设计

指示标识应为行人和骑车人提供连续、有效、充足的指路服务信息，宜通过与其他街道家具的整合设计，构建统一、完整系统，如图 8-18 所示。

2. 设置位置

指示标识应设置在行人决策点的醒目位置。城市的主要吸引点、公交和轨道车站应设置区域引导图和指示牌。指示牌指引信息的高度不宜大于 2.5m。

图 8-18　指示标识反例与正例

非路面喷涂的指示标识应设置在设施带内，条件不足的可设置在绿化带内，以避免妨碍行人和自行车通行。

五、街道界面

1. 建筑贴线率

建筑贴线率是指建筑贴近建筑界面控制线建设的比例，其计算方法见式(8-1)，宜通过底层建筑界面控制线和建筑贴线率进行街道界面控制，以加强街道、广场等公共空间的整体性和沿街界面的丰富性和活跃程度。对于步行重点片区和生活性道路，底层建筑界面控制线退让红线距离不宜大于 10m，建筑贴线率不宜小于 70%。

$$P=B/L\times 100\% \qquad (8-1)$$

式中：P——建筑贴线率，%；

　　　B——街墙立面线长度，m；

　　　L——建筑控制线长度，m。

①当建筑为底层架空的形式，且架空高度小于等于 10m 时，架空部分的宽度 L_1 可计入街墙立面线的有效长度，即该建筑的街墙立面线长度为 L_2，如图 8-19 所示。

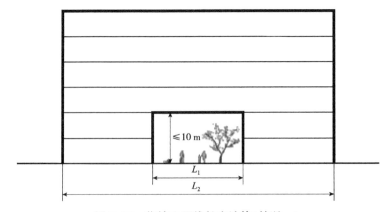

图 8-19　街墙立面线长度计算(情况一)

②当建筑为骑楼的形式时，骑楼建筑轮廓投影线可计入街墙立面线的有效长度，如图 8-20 所示。

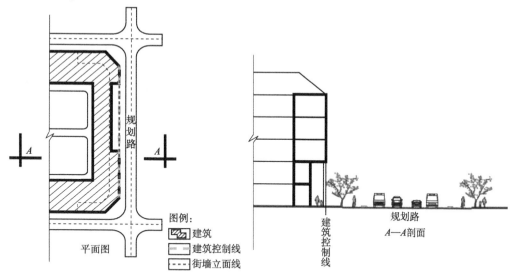

图 8-20　街墙立面线长度计算（情况二）

③当建筑外墙面有凹进变化的形式时，若建筑外墙面凹进深度小于或等于 2m，可计入街墙立面线的有效长度，如图 8-21 所示。

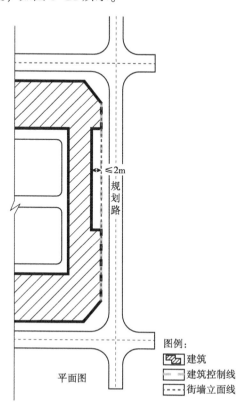

图 8-21　街墙立面线长度计算（情况三）

④围墙不计入街墙立面线的有效长度。

2. 建筑前区布置

建筑前区内宜布置街道家具和绿化遮阴，不应设置机动车停车位，如图 8-22 所示。

图 8-22　建筑前区布置反例与正例

3. 沿街建筑底层

沿街建筑底层宜作为商业、文化、娱乐等用途使用，并采用小尺度、通透和开敞的设计形式，以提升街道活力。一般应避免设置大面积、连续的围墙或栅栏；对于医院、学校、厂房等因安全要求确需封闭管理的，宜采用栅栏、绿篱等通透性围挡，避免形成消极的街道界面，如图 8-23 所示。

图 8-23　沿街建筑底层反例与正例

4. 施工围挡

对于长期施工造成的消极街道界面，宜对围挡进行美化和人性化设计，如图 8-24 所示。

图 8-24　施工围挡反例与正例

第五节 无障碍设计

一、盲道设计

1. 盲道分类与设计要求

(1) 盲道分类

盲道分为两种形式:行进盲道与提示盲道。行进盲道应能指引视觉障碍者安全行走和顺利到达无障碍设施的位置,表面呈长条形;提示盲道能告知视觉障碍者前方路线的空间环境将发生变化,表面呈圆点形。目前以 250mm×250mm 的成品盲道构件居多,如图 8-25 所示。

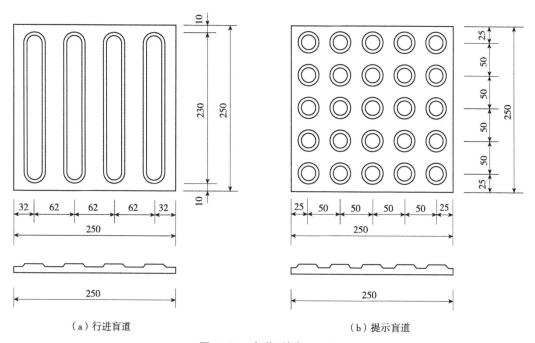

(a) 行进盲道　　　　　　　　　　(b) 提示盲道

图 8-25　盲道(单位:mm)

(2) 盲道设计要求

①盲道的纹路应凸出路面 4mm 高。

②盲道铺设应连续,应避开树木、电线杆、拉线等障碍物,其他设施不得占用盲道。

③盲道的颜色宜与相邻的人行道铺面的颜色形成对比,并与周围景观相协调,宜采用中黄色。

④盲道型材表面应防滑。

人行道设置的盲道位置和走向,应方便视觉障碍者安全行走和顺利到达无障碍设施位置,布置在人行道上无障碍、无空间伤害、行人较少的地方。

2. 行进盲道

行进盲道设计应符合下列规定:

①行进盲道设置应与人行道的走向一致。
②行进盲道的宽度宜为 250~500mm。
③人行道外侧有围墙、花台、绿化带时，行进盲道宜在距围墙、花台、绿化带 250~500mm 处设置。
④人行道内侧有树池，行进盲道宜在距树池边缘 250~500mm 处设置。
⑤如无树池，与路缘石沿同一水平面时，距路缘石不应小于 500mm；比路缘石低时，距路缘石不应小于 250mm。
⑥行进盲道应避开非机动车停放的位置。
⑦行进盲道的触感条规格应符合表 8-6 的规定。

表 8-6 行进盲道的触感条规格

部位	尺寸要求(mm)	部位	尺寸要求(mm)
面宽	25	高度	4
底宽	35	中心距	62~75

3. 提示盲道

提示盲道设计应符合下列规定：
①行进盲道在起点、终点、转弯处及其他有需要处应设置提示盲道。
②当盲道的宽度不大于 300mm 时，提示盲道的宽度应大于行进盲道的宽度。
③提示盲道的触感圆点规格应符合表 8-7 的规定。

表 8-7 提示盲道的触感圆点规格

部位	尺寸要求(mm)	部位	尺寸要求(mm)
表面直径	25	底面直径	35
圆点高度	4	圆点中心距	50

二、坡道设计

1. 缘石坡道

(1) 缘石坡道的分类

缘石坡道位于人行道口或人行横道两端，是为避免路缘石带来通行障碍、方便乘轮椅者进入人行道的一种坡道。缘石坡道可分为全宽式单面坡缘石坡道和三面坡缘石坡道，如图 8-26 所示。

在缘石坡道的类型中，单面坡缘石坡道是一种通行最为便利的缘石坡道，丁字路口的缘石坡道同样适合布置单面坡缘石坡道。当缘石坡道顺着人行道的方向布置时，采用全宽式单面坡缘石坡道最为方便；三面坡缘石坡道可根据具体情况有选择性地采用。

(2) 缘石坡道的设计规定

缘石坡道的设计应符合以下规定：

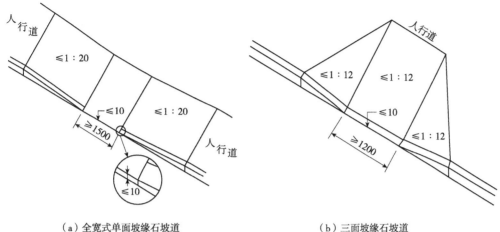

(a) 全宽式单面坡缘石坡道　　　　　　(b) 三面坡缘石坡道

图 8-26　缘石坡道（单位：m）

①缘石坡道的坡面应平整、防滑；坡口与行车道之间没有高差；当有高差时，高出车行道的地面不应大于 10mm；宜优先选用全宽式单面坡缘石坡道。

②全宽式单面坡缘石坡道的坡度不应大于 1：20；三面坡缘石坡道正面及侧面的坡度不应大于 1：12；其他形式缘石坡道的坡度均不应大于 1：12。

③全宽式单面坡缘石坡道的宽度应与人行道宽度相同；三面坡缘石坡道的正面坡道宽度不应小于 1.2m；其他形式缘石坡道的坡口宽度均不应小于 1.5m。

2. 轮椅坡道

轮椅坡道设计应符合下列规定：

①轮椅坡道宜设计成直线形、直角形或折返形。

②净宽不应小于 1.00m，无障碍出入口的轮椅坡道净宽不应小于 1.20m。

③轮椅坡道的高度超过 300mm 且坡度大于 1：20 时，应在两侧设置扶手，坡道与休息平台的扶手应保持连贯。

④轮椅坡道的最大高度和水平长度应符合表 8-8 的规定。

表 8-8　变轮椅坡道的最大高度与水平长度

坡度	1：20	1：16	1：12	1：10	1：8
最大高度(m)	1.20	0.90	0.75	0.60	0.30
水平长度(m)	24.00	14.40	9.00	6.00	2.40

注：其他坡度可用内插法进行计算。

⑤轮椅坡道的坡面应平整、防滑、无反光。

⑥轮椅坡道的起点、终点和中间休息平台的水平长度不应小于 1.50m。

⑦轮椅坡道的临空侧应设置安全阻挡措施。

⑧轮椅坡道应设置无障碍标志。

三、城市道路无障碍设计

1. 实施范围

城市道路无障碍设计的范围应包括：城市各级道路、城镇主要道路、步行街、旅游景点、城市景观带的周边道路。

城市道路、桥梁、隧道、立体交叉中的人行系统均应进行无障碍设计，无障碍设施应沿行人通行路径布置；人行系统中的无障碍设计主要包括人行道、人行横道、人行天桥及地道、公交车站。

2. 人行道

（1）盲道

人行道处盲道设置应符合下列规定：

①城市主要商业街、步行街的人行道应设置盲道。

②视觉障碍者集中区域周边道路应设置盲道。

③坡道的上下坡边缘处应设置提示盲道。

④道路周边场所、建筑等出入口设置的盲道应与道路盲道相衔接。

⑤人行天桥桥下的三角区净空高度小于 2.0m 时，应安装防护设施，并应在防护设施外设置提示盲道，如图 8-27 所示。

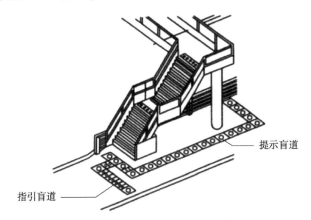

图 8-27　人行天桥提示盲道示意图

（2）缘石坡道

人行道处缘石坡道设计应符合下列规定：

①人行道在各种路口、各种出入口位置必须设置缘石坡道。

②人行横道两端必须设置缘石坡道。

（3）轮椅坡道

人行道的轮椅坡道设置应符合下列规定：

①人行道设置台阶处，应同时设置轮椅坡道。

②轮椅坡道的设置应避免干扰行人通行及其他设施的使用。

3. 人行横道

人行横道范围内的无障碍设计应符合下列规定：

①人行横道宽度应满足轮椅通行需求。
②人行横道安全岛的形状应方便乘轮椅者使用。
③城市中心区及视觉障碍者集中区域的人行横道，应配置过街音响提示装置。

4. 人行天桥和地道

(1) 盲道

人行天桥及地道盲道的设置应符合下列规定：
①设置于人行道中的行进盲道应与人行天桥及地道出入口处的提示盲道相连接。
②人行天桥及地道出入口处应设置提示盲道。
③距每段台阶与坡道的起、终点 250~500mm 处应设提示盲道，其长度应与坡道、梯道相对应。

(2) 坡道及无障碍电梯

人行天桥及地道处坡道与无障碍电梯的选择应符合下列规定：
①要求满足轮椅通行需求的人行天桥及地道处宜设置坡道，坡道的坡面应平整、防滑；当设置坡道有困难时，应设置无障碍电梯。
②坡道的净宽不应小于 2.0m，坡度不应大于 1:12，弧线形坡道的坡度，应以弧线内缘的坡度进行计算。
③坡道每升高 1.5m 时，应设深度不小于 2.0m 的中间平台。
④坡道的坡面应平整、防滑。

(3) 扶手

人行天桥及地道扶手设置应符合下列规定：
①人行天桥及地道在坡道的两侧应设扶手，扶手宜设上、下两层。
②在栏杆下方宜设置安全阻挡措施。
③扶手起点水平段宜安装盲文铭牌。

5. 公交车站

(1) 站台设计

公交车站处站台设计应符合下列规定：
①站台有效通行宽度不应小于 1.5m。
②在车道之间的分隔带设公交站时应方便乘轮椅者使用。

(2) 盲道与盲文信息布置

盲道与盲文信息布置应符合下列规定：
①站台距路缘石 250~500mm 处应设置提示盲道，其长度应与公交车站的长度相对应。
②当人行道中设有盲道系统时，应与公交车站的盲道相连接。
③宜设置盲文站牌或语音提示服务设施，盲文站牌的位置、高度、形式与内容应方便视觉障碍者的使用。

6. 无障碍标识系统

(1) 无障碍标志

凡设有无障碍设施的道路人行系统中，为了能更好地为残障人士服务，并易于被残障人士所识别，应在无障碍设计地点显著位置上安装无障碍标志牌，标志牌应反映一定区域范围内的无障碍设施分布情况，并提示现况位置。无障碍标识的布置，应根据指示、引导和确认的需求进行设计，沿通行路径布置，构成完整的引导系统。

悬挂醒目的无障碍标志，避免遮挡，一是使用者一目了然，二是告知无关人员不要随意占用。应尽可能提供多种标志和信息源，以适合各种残障人士的不同要求。此外，无障碍设施标志牌可与其他交通标志牌协调布置，更好地为道路使用者服务。

无障碍标志应纳入城市环境或建筑内部的引导标志系统，形成完整的系统，清楚地指明无障碍设施的走向及位置。

(2) 盲文标志

盲文标志设计应符合下列规定：

①盲文标志可分为盲文地图、盲文铭牌、盲文站牌。

②盲文标志的盲文必须采用国际通用的盲文表示方法。

盲文地图设在城市广场、城市绿地和公共建筑的出入口，方便视觉障碍者出行和游览；盲文铭牌主要用于无障碍电梯的低位横向按钮、人行天桥和人行地道的扶手、无障碍通道的扶手、无障碍楼梯的扶手等部位，帮助视觉障碍者辨别方向；盲文站牌设置在公共交通的站台上，引导视觉障碍者乘坐公共交通。

四、城市广场无障碍设计

1. 实施范围

城市广场是人们休闲、娱乐的场所，为了使行动不便的人能与其他人一样平等地享有出行和休闲的权利，平等地参与社会活动，应对城市广场进行无障碍设计。

城市广场进行无障碍设计的范围包括：公共活动广场和交通集散广场。

2. 实施部位和设计要求

(1) 无障碍机动车停车位设计

随着我国机动车保有量的增大，乘轮椅者乘坐及驾驶机动车出游的概率也随之增加。因此，在城市广场的公共停车场应设置一定数量的无障碍机动车停车位。

无障碍机动车停车位的数量应根据停车场地大小而定：停车数在 50 辆以下时应设置不少于 1 个无障碍机动车停车位，50~100 辆(不含 100 辆)时应设置不少于 2 个无障碍机动车停车位，100 辆以上时应设置不少于总停车数 2% 的无障碍机动车停车位。

(2) 盲道设计

城市广场的地面应平整、防滑、不积水，盲道设置应符合下列规定：

①设有台阶或坡道时，距每段台阶与坡道的起点与终点 250~500mm 处应设置提示盲道，其长度应与台阶、坡道相对应，宽度应为 250~500mm。

②人行道中有行进盲道时，应与提示盲道相连接。

(3) 坡道与无障碍电梯设计

城市广场的地面有高差时，坡道与无障碍地点的设置应符合下列规定：

①设置台阶的同时应设置轮椅坡道。

②当设置轮椅坡道有困难时，可设置无障碍电梯。

(4) 无障碍标志设计

城市广场无障碍设施的位置应设置无障碍标志，无障碍标志设计应符合上述城市道路无障碍标志的设计规定，带指示方向的无障碍设施标志牌应与无障碍设施标志牌形成引导系统，满足通行的连续性。

五、城市绿地无障碍设计

1. 实施范围

在高速城市化的建设背景下，城市绿地与人们日常生活的关系日益紧密，是现代城市生活中人们亲近自然、放松身心、休闲健身使用频率最高的公共场所。随着其日常使用频率的加大，使用对象的增多，城市绿地的无障碍建设显得尤为突出，也成为创建舒适、宜居现代城市必要的基础设施条件之一。城市绿地进行无障碍设计的范围应包括下列内容：

①城市中的各类公园，包括综合公园、社区公园、专类公园、带状公园、街旁绿地等。

②附属绿地中的开放式绿地。

③对公众开放的其他绿地。

附属绿地中的开放式绿地及其他绿地中的开放式绿地无障碍设计，应符合公园绿地、居住绿地的有关规定。

2. 公园绿地

(1) 无障碍机动车停车位设计

公园绿地停车场的总停车数在 50 辆以下时应设置不少于 1 个无障碍机动车停车位，50~100 辆(不含 100 辆)时应设置不少于 2 个无障碍机动车停车位，100 辆及以上时应设置不少于总停车数 2% 的无障碍机动车停车位。

(2) 售票处无障碍设计

售票处的无障碍设计应符合下列规定：

①主要主入口的售票处应设置低位售票窗口。

②低位售票窗口前地面有高差时，应设置轮椅坡道及不小于 1.50m×1.50m 的平台。

③售票窗口前应设置提示盲道，距售票处外墙应为 250~500mm。

(3) 出入口无障碍设计

出入口的无障碍设计应符合下列规定：

①主要出入口应设置无障碍出入口，设有自动检票设备的出入口，也应设置专供乘轮椅者使用的检票口。

②出入口检票口的无障碍通道宽度不应小于 1.20m。

③出入口设置车挡时，车挡间距不应小于 900mm。

(4) 无障碍游览路线

无障碍游览路线应符合下列规定：

①无障碍游览主园路应结合公园绿地的主路设置，应能到达部分主要景区和景点，并宜形成环路，纵坡宜小于 5%，山地公园绿地的无障碍游览主园路纵坡应小于 8%；无障碍游览主园路不宜设置台阶、梯道，必须设置时应同时设置轮椅坡道。

②无障碍游览支园路应能连接主要景点,并和无障碍游览主园路相连,形成环路;小路可到达景点局部,不能形成环路时,应便于折返,无障碍游览支园路和小路的纵坡应小于8%;坡度超过8%时,路面应作防滑处理,并不宜轮椅通行。

③园路坡度大于8%时,宜每隔10~20m在路旁设置休息台。

④紧邻湖岸的无障碍游览园路应设置护栏,高度不低于900mm。

⑤在地形险要的地段应设置安全防护设施和安全警示线。

⑥路面应平整、防滑,园路上的窨井盖板应与路面平齐,排水沟的滤水箅子孔的宽度不应大于15mm。

(5)游憩区无障碍设计

游憩区的无障碍设计应符合下列规定:

①主要出入口或无障碍游览园路沿线应设置一定面积的无障碍游憩区。

②无障碍游憩区应方便轮椅通行,有高差时应设置轮椅坡道,地面应平整、防滑。

③无障碍游憩区的广场树池宜高出广场地面,与广场地面相平的树池应加箅子。

第九章 自行车系统交通设计

自行车交通出行灵活、准时性高，在我国具有良好的发展基础，是解决中短距离出行和与公共交通接驳换乘的理想交通方式，是城市综合交通体系中不可缺少的重要组成部分。本章主要介绍自行车系统的相关术语和设计原则、自行车网络设计、自行车隔离形式与过街带设计、自行车停车设施设计、公共自行车系统设计。

第一节 相关术语和设计原则

一、相关术语

1. 路侧自行车停车场

路侧自行车停车场是指道路沿线两侧结合绿化带、设施带、建筑退线空间等设置的自行车停车场。

2. 自行车过街带

自行车过街带是指通过地面标志标线或铺装指示规范自行车过街的通行区域。

3. 城市公共自行车交通

供公众免费或以较低的费用使用，停放在公共场所，并能实现各服务点之间统一租借和归还的自行车交通方式，称为城市公共自行车交通。

4. 城市公共自行车交通服务

城市公共自行车交通服务是指城市公共自行车交通运营单位与租用者接触过程中所产生的一系列活动的过程及结果，其结果通常是无形的。

5. 公共自行车服务站点

提供公共自行车租借、归还和信息查询功能的服务场所，称为公共自行车服务站点。

6. 公共自行车锁止装置

固定于公共自行车服务站点的，专门用于公共自行车租借、归还时开启和锁止车辆，并同步传输信息的设备，称为公共自行车锁止装置。

7. 公共自行车自助服务机

用于租用者自助查询公共自行车租还信息的服务设备，称为公共自行车自助服务机。

8. 公共自行车自带车锁

公共自行车自带车锁是指由运营单位统一配置、固定在公共自行车车体上的锁具，用于租用者在使用过程中锁闭公共自行车。

9. 公共自行车调运

通过运输工具对区域内公共自行车数量进行平衡调整的过程，称为公共自行车调运。

10. 公共自行车租车卡

具备公共自行车租借、归还服务和信息存储功能的智能卡。

11. 公共自行车车锁比

单个服务站点中可租借的公共自行车数量与锁止装置数量之比，称为公共自行车车锁比。

二、设计原则

1. 安全性原则

①应优先保障自行车交通使用者在城市交通系统中的安全性，在满足安全性的前提下统筹考虑连续性、方便性、舒适性等要求。

②应保障自行车交通通行空间，不得通过挤占自行车道方式拓宽机动车道，杜绝安全隐患。

③自行车道应通过各种措施与机动车道隔离，不应将绿化带等物理隔离设施改造为护栏或划线隔离，不得在自行车道上施划机动车停车泊位。

④在过街设施、道路照明、市政管线、街道界面等的设计和维护中应考虑自行车交通使用者的安全，降低交通事故或受犯罪侵害的风险。

2. 连续性原则

①应根据不同等级的城市道路布局与两侧用地功能，结合滨水、公园、绿地空间，形成由城市道路两侧自行车道与自行车专用路构成的自行车交通网络，保证自行车通行的连续、通畅。

②在自行车交通网络与铁路、河流、快速路等相交时，应通过工程及管理措施保障自行车交通安全、连续通行。

③应研究探索自行车交通穿越公园、小区以及大院的可行措施，增强网络密度，提高连通性。

④在设计道路交叉口和过街设施时，应特别注意自行车道的连续性，避免出现断点。

3. 方便性原则

①在既有城区改造、新区建设、轨道交通、环境综合整治等重大项目实施过程中，应充分考虑自行车交通系统布局，并可贯通周边公园、大型居住区内部路网，作为城市路网补充，形成自行车交通系统的便捷路径，完善自行车微循环系统。

②鼓励结合城市水体、山体、绿地、大型商业购物区和文体活动区，建设自行车专用道路；在城市滨水空间和公园绿地中应设置自行车专用路，方便居民休闲、健身和出行。

③自行车网络布局应与城市公共空间节点、公共交通车站等吸引点紧密衔接，自行车停车设施应尽可能靠近目的地设置，以提高效率和方便使用。

4. 舒适性原则

①在道路新建、改造和其他相关建设项目过程中，应保证自行车通行空间和环境品质，保障系统舒适性。

②除满足基本通行需求外，还应结合不同城市分区特点，结合周围建筑景观，建设完善的林荫绿化、照明排水、街道家具、易于识别的标志及无障碍等配套设施，尽量提供遮阳遮雨设施，提高舒适程度和服务水平。

③应与城市景观、绿地、旅游系统相结合，将自行车道与城市景观廊道、绿色生态廊道、休闲旅游热线合并设置，尽可能串联城市重要景观节点和公共开敞空间，提升环境品质。

5. 其他原则

城市自行车交通系统设计还应注意以下问题：

①应着重处理好自行车交通系统与公共交通系统的衔接，优化换乘环境，密切车站与目的地的联系，形成贯通一体的出行链，拓展公共交通覆盖范围，增强公共交通的吸引力。

②市政设施、管线应结合绿化带、设施带布置，并考虑与周边环境的适应和协调，不得影响自行车通行。

③核心商业区、活动聚集区、广场等行人流量较大的区域，应适当提高自行车交通设施标准要求。

第二节　自行车网络设计

一、一般规定

自行车网络由各类自行车道路构成，可分为自行车道和自行车专用路。

自行车道指沿城市道路两侧布置的自行车道，自行车专用路主要包括以下类型的道路或通道空间：

①公园、广场、景区内的自行车通道，滨海、滨水、环山的自行车专用通道和自行车绿道等。

②通过管理手段、铺装差异等措施禁止（或分时段禁止）机动车通行的各类道路，允许自行车通行的步行街（区）等。

③不具备机动车通行条件、但自行车可以通行的各类通道，如较窄的胡同、街坊路、小区路等。

④其他形式的自行车专用通道。

自行车网络规划应明确自行车交通应承担的功能，明确自行车交通分区及自行车道路分级。

二、自行车交通分区

1. 自行车交通分区的目的与方法

（1）自行车交通分区的目的

自行车交通分区的主要目的是体现城市不同区域的自行车交通特征差异，明确不同分区的自行车交通发展政策，根据分区内自行车交通出行特征的不同，提出差异化的规划设计要求。

(2) 自行车交通分区方法

自行车交通分区应结合城市自行车系统的发展定位，重点考虑现状和规划的土地使用情况、城市空间布局、大型公共设施分布、地形地貌、天气气候等要素，各城市可根据具体情况确定分区类别与原则。

2. 各分区特征与覆盖区域

(1) 自行车Ⅰ类区

优先考虑自行车出行的区域，自行车道路网络密度高，自行车系统设施完善。应覆盖但不限于：城市中心区、重要公共设施周边、主要交通枢纽、城市核心商业区和政务区，以及滨海、滨水、公园、广场等市民聚集区等。

(2) 自行车Ⅱ类区

兼顾自行车和机动车出行的区域，自行车道路网络密度较高，配置一定量的自行车专用设施。应覆盖但不限于：城市副中心、中等规模公共设施周边、城市一般性商业区和政务区，以及大型居住区等。

(3) 自行车Ⅲ类区

对自行车出行予以基本保障的区域，主要包括上述自行车交通分区以外的地区。

3. 不同分区自行车道路网密度和平均间距

不同自行车交通分区的自行车道路网络密度和平均间距应满足表9-1的规定，自行车道路网密度指自行车专用路和城市道路两侧自行车道的密度之和，其中城市道路两侧自行车道密度按照城市道路路网密度计算。

表9-1　自行车道路网密度与平均间距

自行车交通分区	自行车道路网密度（km/km²）	自行车道路平均间距（m）
Ⅰ类区	12~18（自行车专用路≥2）	110~170（自行车专用路≤1000）
Ⅱ类区	8~12	170~250
Ⅲ类区	5~8	250~400

对于现状道路网络稀疏且难以改变的城市建成片区，自行车道路网密度可适当调整，但不得小于片区内原有的城市道路密度。对于城市建成区，自行车道路网密度偏低的分区宜加强自行车专用路建设。

三、自行车道路分级

1. 自行车道路分级的目的与方法

(1) 自行车道路分级的目的

自行车道路分级的主要目的是明确不同道路的自行车功能和作用，体现自行车道路级别与传统城市道路级别之间的差异性和关联性，并提出差异化的规划设计要求。

(2) 自行车道路分级的方法

自行车道级别主要由其在城市自行车交通系统中的作用和定位决定。考虑现状及预测的自行车交通特征、所在自行车交通分区、城市道路等级、周边建筑和环境等要素综合确定。

2. 各级自行车道功能和分布区域

沿城市道路两侧布置的自行车道，可分为三级：

(1) 一级自行车道

一级自行车道以满足城市相邻功能组团间或组团内部较长距离的通勤联络功能为主，自行车流量很大，同时承担通勤联络、到发集散、服务周边等多种复合型功能，是自行车网络的骨干通道。

一级自行车道主要分布在城市相邻功能组团之间和组团内部通行条件较好，市民通勤联络的主要通道上，以生活性主干路、两侧开发强度较高的快速路辅路和自行车流量较大的次干路为主。

(2) 二级自行车道

二级自行车道以服务两侧用地建筑为主，自行车流量较大，自行车交通以周边地块的到发集散为主，与两侧建筑联系紧密，但中长距离通过性自行车交通比例较小，是自行车网络的重要组成部分。

二级自行车道主要分布在城市主(副)中心区、各类公共设施周边、交通枢纽、大中型居住区、市民活动聚集区等地区的次干路以及支路。

(3) 三级自行车道

三级自行车道功能以直接通过为主，自行车流量较小，以通过性的自行车交通为主，与两侧建筑联系不大，是自行车网络的延伸和补充。

三级自行车道主要分布在两侧开发强度不高的快速路辅路、交通性主干路，以及城市外围地区、工业区等人流活动较少地区的各类道路。

3. 自行车道的宽度与隔离方式

各类规划自行车道的宽度和隔离方式应综合考虑自行车道等级及其所在自行车交通分区，且符合表9-2的规定。一般情况下，Ⅰ类区的各级自行车道宽度取上限值，Ⅱ类区取中间值，Ⅲ类区取下限值。表9-2中自行车道宽度的下限值主要参考了《城市道路工程设计规范(2016年版)》(CJJ 37—2012)中自行车道宽度下限值。设计阶段确定道路横断面时应优先考虑自行车道的功能等级，再考虑城市道路的主、次、支级别，按照主、次、支路划分的城市道路自行车道宽度要求参见表9-3的相关规定。改建路段受实际条件限制时，自行车道宽度可在表9-3的基础上适当调整，但不得小于原有自行车道宽度。

表9-2 规划阶段自行车道宽度与隔离方式

自行车道等级	自行车道宽度(m)	隔离方式
自行车专用路	≥3.5(单向)、≥4.5(双向)	应严格物理分隔
一级	3.5~6.0	应采用物理隔离
二级	3.0~5.0	应采用物理隔离
三级	2.5~3.5	主、次干路应采用物理隔离

表 9-3　设计阶段自行车道宽度　　　　　　　　　　　　　　　　　　　　　m

城市道路等级	自行车道等级		
	一级	二级	三级
快速路(辅路)	3.5~4.5	3.0~3.5	2.5~3.0
主干路	4.0~6.0	3.5~5.0	2.5~3.5
次干路	4.0~5.5	3.5~4.5	2.5~3.5
支路	3.5~5.0	3.0~3.5	2.5~3.0
自行车专用路	≥3.5(单向)、≥4.5(双向)		

第三节　自行车隔离形式与过街带设计

一、自行车道隔离形式

1. 路段隔离

城市主、次干路和快速路辅路的自行车道，应采用机非物理隔离；城市支路上的自行车道，可采用非连续式物理隔离。自行车道与步行道应分开隔离设置，步行道应设置于自行车道两侧，保证行人安全。

(1)机非物理隔离形式

机非物理隔离形式包括绿化带、设施带和隔离护栏，条件允许时应采用绿化带或设施带，如图 9-1 所示。

图 9-1　自行车道采用机非物理隔离正例

城市支路采用非连续式物理隔离时，间隔距离不宜过大，既方便行人和自行车灵活过街，又防止机动车驶入自行车道，如图 9-2 所示。

(2)非物理隔离形式

非物理隔离形式包括自行车道彩色铺装、彩色喷涂和划线，确需采用时应有明确的自行车引导标志。

图 9-2 非连续式物理隔离正例

2. 路口隔离

(1) 阻车桩设置

如图 9-3 所示，在宽度大于 3m 的自行车道入口处，应设置阻车桩，以阻止机动车驶入自行车道。阻车桩宜选用反光材料，确保安全醒目。

图 9-3 自行车道入口处设置阻车桩反例和正例

(2) 交叉口机非隔离

当上下游路段自行车道的隔离形式不一致时，应注意路口处的衔接引导，方便骑车人快速识别、规范行为。当受条件限制时，可在交叉口附近路段局部设置机非物理隔离，保证交叉口自行车通行安全与秩序，如图 9-4 所示。

二、自行车过街带设计

1. 自行车过街带位置与铺装

(1) 自行车过街带位置

自行车过街带应尽量遵循骑车人过街期望的最短路线布置，如图 9-5 所示。

(2) 自行车过街带铺装

自行车过街带宜采用彩色铺装或喷涂，并设置醒目的自行车引导标志，如图 9-6 所示。

图 9-4 交叉口局部机非物理隔离正例

图 9-5 自行车过街带沿期望线布置反例和正例

图 9-6 自行车彩色过街带正例

2. 自行车过街信号与停止线

鼓励自行车过街与机动车右转信号相位分离设置，并对自行车过街信号实行优先。鼓励将交叉口处的自行车停止线靠近交叉口设置；自行车有单独信号控制、且实施信号优先的，可将自行车停止线布置在机动车停止线之前，如图 9-7 所示。

图 9-7 自行车停止线布置正例

第四节 自行车停车设施设计

一、设施布局与选址

1. 自行车停车设施分类及布局要求

自行车停车设施包括建筑物配建自行车停车场、路侧自行车停车场和路外自行车停车场。建筑物配建自行车停车场是自行车停车设施的主体。

应明确规定建筑物自行车停车配建指标,新建住宅小区和建筑面积 2 万 m^2 以上的公共建筑必须配建永久性自行车停车场(库),并与建筑物同步规划、同步建设、同步投入使用。

路侧自行车停车场应按照小规模、高密度的原则进行设置,服务半径不宜大于 50m。

轨道车站、交通枢纽、名胜古迹和公园、广场等周边应设置路外自行车停车场,服务半径不宜大于 100m,以方便自行车驻车换乘或抵达。

对于建筑工程在地块内设置公共自行车停车场的,可适当折减建筑物自行车停车配建指标,按照 1 个公共自行车存车位抵扣 3 个配建自行车停车位的比例折减建筑需配建的自行车停车指标。

2. 自行车停车设施选址要求

如图 9-8 所示,自行车停车设施的选址应设置在便捷醒目的地点,并尽可能接近目的地。

建筑物配建停车场应在建筑物的人行出入口就近设置。轨道车站、交通枢纽等应在各出入口分别设置路外自行车停车场,距离不应大于 30m。路侧自行车停车场应在设施带或绿化带划定专门用地设置,不得占用人行道,防止阻碍行人通行。空间不足的,可采用斜向停车方式,节省停车空间。

二、设置规模

对于新建居住区和公共建筑的自行车停车场,其规模须严格遵照本地规划技术管理规定等相关配建指标设定。

1. 单层自行车停车场规模

单层自行车停车场的用地面积为自行车停放面积加上必要的通行空间。参考《城市道路工程设计规范(2016 年版)》(CJJ 37—2012),自行车总长,即自行车前轮前缘至后轮后缘的距离取 1.93m;自行车总宽,即车把的宽度取 0.6m。按照该设计外廓尺寸,分别计算当自行车从 30°~90°摆放时所需面积,单位自行车的停车用地面积(含通行空间)宜取 1.5~2.2m^2/车。

2. 换乘自行车停车场规模

轨道车站、重要交通枢纽、城市大型综合体等设施周边的换乘自行车停车场地,平面设置时,其用地指标应考虑设施的预测高峰时段客流人次(假设使用自行车接驳的主要为

图 9-8　自行车停车场设置在便捷醒目的地点正例

通勤客流，则高峰时段的需求量可以大致代表当日对停车位的最大需求量，所以没有考虑停车周转时间的影响），客流使用自行车的目标分担率和自行车的单位停车用地面积综合测算；立体停车场的用地面积可相应折减。

3. 自行车公共停车场规模

对于建成区自行车公共停车场，其规模应根据所服务的建筑或区域的日平均高峰吸引车次，平均停放时间及不均衡系数确定。

每日的停车需求和每车次的停放时间具有随机性，是一个波动的范围，在用平均值测算停车位规模的基础上，要进行修正，以便留有一定的安全量。不均衡系数就是根据波动程度的大小给定的修正系数，包括平均停车时间波动系数和平均日高峰吸引车次波动系数，两个系数相乘的值即为停车不均衡系数。

三、设计规定

1. 自行车停车设施宽度

如图 9-9 所示，结合设施带、绿化带或建筑前区设置的自行车停车设施的宽度取 2.0~2.5m；斜向放置的，可取 1.5m。

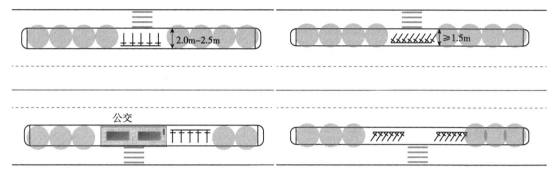

图 9-9　自行车停车设施结合绿化带、设施带设置示意图

2. 设置形式与标识设计

自行车停车场宜采取地面形式。因场地限制确需设置立体停车设施时，设施不宜超过两层。

自行车停车场应有清晰、明确的停车场标识，引导骑车者正确停放，减少乱停乱放对行人和机动车的影响。

3. 其他设计规定

自行车停车场设置应遵循安全、方便和节约用地的原则，提供舒适的停车环境，突出人性化服务，其设计应符合以下规定：

①自行车停车场出入口不宜少于 2 个，出入口宽度宜为 2.5~3.5m。

②人行道自行车停放亭(点)应当与行人通道、车辆出入口及相邻设施保持必要的安全距离。

③应选用节约空间、坚固美观、不易导致车辆损坏的自行车存车支架。

④应有充分的照明条件，有条件的应设置雨棚，如图 9-10 所示。

⑤鼓励在附近增设车辆维修点等便民设施。

图 9-10　自行车停车场设置雨棚反例与正例

第五节　公共自行车系统设计

公共自行车系统主要服务于中短距离通勤、公共交通出行最后一公里及休闲、旅游、健身等功能。公共自行车系统是一种公共服务，是城市公共交通系统的重要补充，在规划、建设、运营、定价上应充分考虑其公益性的属性。

一、系统组成及设计要求

1. 系统组成

公共自行车系统是一种自行车共享机制，应具备使用方便、使用成本低、面向大众、公益性的特点。系统组成包括车辆、使用凭证/介质、租赁点、维修点/中心、管理站和客户服务终端、调度车辆、调度控制中心等。

2. 各组成部分设计要求

(1) 公共自行车车辆设计

公共自行车车辆的外观、结构和材质等应采取个性化设计，便于运营、管理和维护。

(2) 公共自行车使用凭证/介质

公共自行车系统的使用凭证或介质宜采用信息集成程度高的IC卡等电子媒介，宜采用与公交卡、银行卡、手机电子钱包等兼容的付费系统。

(3) 公共自行车租赁点

公共自行车租赁点应配备车辆止锁装置、自助服务终端、必要的电源、照明、通讯设备以及信息服务设施。宜加装安全监控设备，并就近设置饮水、售卖亭等设施。

(4) 公共自行车调度

为保证系统的正常运营和效率，应配备公共自行车实时监控调度系统、调度控制中心、调度车辆和流动维修人员，并设置维修点，调度车辆应采用清洁能源汽车。

公共自行车调度控制中心应开辟规模适度的专用场所，提供设备和办公人员所需的空间。系统规模较大时，宜划拨专门用地建设设备、办公用房和调度车辆的停放场地。

公共自行车调度中心应具备以下功能：

①动态掌握系统的基本运行状况，制定动态调度方案并发布调度指令。

②记录系统运行状态，生成运行状态文件和运营分析报表。

③利用网络等渠道实时发布系统的静态和动态信息，如租赁点的位置、可用车数、可用存车位数量等。

④事件管理和追溯等。

二、租赁点布局

1. 布设思路

公共自行车租赁点应遵循安全高效、可见性好、可达性高、成片成网、规模适度、疏密有致、景观协调的原则布设。租赁点宜采用分区、分类的布设思路。以公共交通站点、大型公共建筑等主要人流集散点为核心,依据节点的辐射半径逐层推进、深入出行终端进行布设,如图9-11所示。

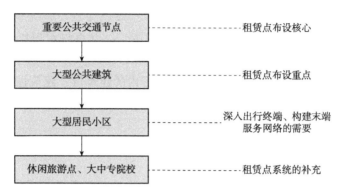

图9-11 公共自行车租赁点布设思路

《城市公共自行车交通服务规范》(GB/T 32842—2016)规定,公共自行车服务站点的布局应符合城市公共交通规划和适应城市发展的需要,应在下列场所周围选择和设置服务站点,包括但不限于:

①公共电汽车、城市轨道交通站点及公路、铁路、航运等客运交通枢纽。
②医院、学校、行政中心、商业区、旅游景点等人流集中的区域。
③影剧院、文体场所和博物馆等公共场所。
④街道、社区及公共交通服务较远或未覆盖的人群活动区域。

公共自行车服务站点的设置应避免对其他交通方式造成不利影响,不应阻碍消防、逃生等应急通道,不得占压盲道、井盖等。服务站点应设置在能实现通电、通网的地点。

2. 相关设计指标

(1)租赁点间距与服务半径

综合考虑公共自行车租车人理想的步行距离及所服务腹地的人口密度等因素,租赁点间距宜为200~500m,平均间距推荐取300m;服务半径为100~250m,平均服务半径推荐取150m。

(2)租赁点密度

按照《城市道路工程设计规范(2016年版)》(CJJ 37—2012),常规公交站间距为400~800m,平均步行距离则为200~400m,而公共自行车如果定位为主要解决公交出行最后一公里的功能,则其平均步行距离应该比到达公交站的距离短。

假定理想的步行长度为2~3min的距离,则按照步行速度3~4km/h计算,理想距离应为100~200m。因此,公共自行车站点的密度应该为100~400m。

结合人口密度的疏密考虑,最终给出的站点适宜距离为200~500m,平均取300m,由此计算得出租赁站点的密度为4~25个/km²,平均密度推荐取11个/km²。

(3)租赁点与服务对象出入口距离

公共自行车租赁点应在居住小区、公共建筑、轨道车站等服务对象的出入口就近布置,距离不宜超过30m;有多个出入口时,宜在各出入口分别布置。

三、设置规模与形式

1. 设置规模

(1) 总规模测算

在具备详细的出行起讫点(OD)调查数据情况下,公共自行车租赁点宜综合考虑交通小区的出发量和到达量估算布点规模。

在没有出行数据的情况下,可以根据服务半径内的建筑量、建筑性质和自行车使用情况综合确定。宜先开展小规模测试,再分步扩大布设规模。

(2) 存车位数量

一般情况下,每个租赁点的存车位数量应适当大于自行车的数量,建议公共自行车的数量为存车位数量的60%~80%。

对大规模集中布置的公共自行车租赁点,可结合空间条件就近设置与存车位分离的、用于车辆临时集中存放的场所。

(3) 单个租赁点的规模

单个租赁点的规模应结合所处地段的需求调研和经验判断综合确定,并保留一定弹性空间。每个租赁点规模的确定,主要是基于经验或者对出行规律的调研。例如,在《杭州公共自行车交通发展专项规划(修编)》中,基于经验判断对服务点规模给出指导,其中固定式服务点的公交站配车位40~100个、轨道交通站配车位100~200个、大型公建点配车位80~120个、风景点配车位30~115个、居住点和小型公建点配车位20~40个。

2. 设置形式

如图9-12所示,公共自行车租赁点可分为固定式和移动式。运营初期需求规模难以确定时,可采用移动式租赁点,方便后续根据实际情况灵活调整。

(a) 固定式租赁点　　　　　　(b) 移动式租赁点

图9-12　公共自行车租赁点设置形式

租赁点自行车的存放方式可分为直列式和斜列式。直列式存车位的间距一般不小于60cm(约为车把的宽度和人肩部的计算宽度);斜列式存车位的间距可适当缩小。

规模较大的租赁点宜设置人工服务站,提供会员办理和取消、付费、退费、结算、问询、实时故障处理等服务。

四、设施设备

1. 基本要求

应实现任一公共自行车可在同一运营单位服务区域内的任一服务站点进行租借和归还。服务站点应配置自助服务机、锁止装置和公共自行车等设备，宜配备照明、视频监控等辅助设施。

可按租借、归还的需求，在服务站点的周边设置公共自行车储车点。场地应平整硬化，与周边环境协调。外观、标识应统一，并有唯一性编号。

服务站点车锁比宜控制在20%～80%，应根据车锁比调整锁止装置与公共自行车数量。

相邻的5～10个服务站点应至少设置1处用于工具存放及人员值守的固定场所。

2. 公共自行车

投入运营的公共自行车应有统一外观、标识，每辆公共自行车应有唯一的编号。公共自行车不得安装影响安全骑行的附属设备，应配置自带车锁。

3. 锁止装置

公共自行车锁止装置应具备公共自行车租借、归还的提醒功能和向信息服务系统传输信息的功能。

4. 自助服务机

公共自行车自助服务机应具备查询租还记录、计时计费和卡内余额等信息及异常卡处理等功能。

五、运营服务

1. 运营单位和人员

（1）运营单位

公共自行车运营单位应依法经营城市公共自行车交通服务，并配置经营所需的服务站点、信息服务系统，维保场所和调运设施；制定并实施公共自行车服务管理制度和服务规范，并接受管理部门和社会各界的监督，持续改善和提高服务质量。

（2）人员配置

公共自行车运营应配置服务站点管理、租车卡办理、服务热线、公共自行车调运和设施设备维修保养等服务人员。

相邻的5～10个服务站点宜至少配置1名人员，负责服务站点保洁、设施设备故障报修、租车卡异常情况处置等。

（3）人员要求

公共自行车运营服务人员应经培训合格后上岗，提供规范服务，使用文明用语，耐心解答询问；应统一着装，佩戴服务标志，保持仪容端庄整洁；应服从管理人员和社会服务质量监督员的监督检查。

2. 运营服务内容

（1）租车卡服务

租车卡服务窗口应有明显标志，并标明窗口服务时间、办卡/退卡流程、计费方式和服务热线等。服务窗口可办理租车卡的申领、开通、充值、退卡、换卡、挂失、解挂、查询等业务，不得将办理租车卡的个人信息向外泄露。

(2) 租还服务

公共自行车运营单位应按公示的服务时间、计时计费方式提供租还服务。租借、归还的方法和程序、服务热线、安全骑行注意事项应在明显的位置进行公示。

应及时移除服务站点内的故障自行车，故障自行车应放置在专用的锁止装置上或用明确标识的方法加以区别。

当发生无法正常租还公共自行车、自行车损坏、租车卡异常等情况时，应提供相应的解决方案。

(3) 服务热线

公共自行车服务热线工作时间应不少于租还车服务时间，并保持畅通；应能够实时为顾客提供咨询、异常处理和投诉处理等服务。

受理的咨询、意见建议和投诉应做好记录，并在 5 个工作日之内向当事人反馈事项处理结果，处理记录应归档保管。

(4) 公共信息服务

公共自行车服务站点的位置可通过网络、电话等进行查询，新增、变更和撤销服务站点应及时公告。

旅游风景区和涉外区域附近的服务站点公示内容宜配有相应的外文说明。

(5) 自行车调运

公共自行车储车点宜设置在租还需求大的服务站点附近，不应妨碍车辆、行人通行；根据服务站点车锁比信息，及时调运公共自行车；应制定节假日、大型活动的车辆调运方案，并组织实施。

(6) 日常检查与维护保养

公共自行车运营单位每天应对各服务站点和储车点的公共自行车进行巡检，巡检内容见表 9-4；应定期对投入运营的公共自行车进行保养，保养内容见表 9-5。

可采用人工查找方式和信息服务系统查找故障自行车，并及时派人处置；维修后的公共自行车通过检查后可投入营运。公共自行车运营单位每天应对各服务站点的设施设备至少现场检查 1 次，并记录检查结果，发现故障或其他异常情况应及时报修。

表 9-4 公共自行车巡检内容

序号	检查项目	部位	判定原则
1	车轮部分	车胎、车圈	无瘪胎、无变形
2	把手部分	把横、把立	不松动
3	刹车部分	前闸、后抱、闸把、闸线	不失效
4	传动部分	传动部件	不松动、不脱落、不打滑、无损坏
5	其他部分	挡泥板、车筐、尾灯、车铃、车座、车锁	无缺失、无松动

表 9-5 公共自行车保养内容

作业部位		作业方式	判定原则
车架部位	车架	检查、清洁	不变形、不断裂
	前叉	检查、紧固、清洁	不变形、不断裂
	把横、把立	检查、清洁	不变形、把套不破损
	锁	检查、润滑、清洁	锁芯灵活、匙牌完好
	锁链	检查、清洁	不断裂
传动部分	链条传动 脚踏	检查、紧固	不破损、转动灵活
	链条传动 牙盘曲柄	检查、紧固	不变形
	链条传动 中轴	检查、紧固、润滑	转动灵活、不松动
	链条传动 链条	检查、调整、润滑	不断裂、不脱链、不与其他固定件摩擦
传动部分	轴传动 脚踏	检查、紧固	不破损、转动灵活
	轴传动 传动轴心	检查、紧固、润滑	转动灵活、不松动、无损坏
	轴传动 齿轮	检查、紧固、润滑	转动灵活、不松动、无损坏
	轴传动 前、后接头	检查、紧固	不断裂、不变形
车轮部位	车圈	清洁、检查、校正	不变形、不与其他固定件摩擦
	内胎、外胎	检查、充气	外胎不破裂、内胎不漏气
	前轴、后轴	检查、紧固、润滑	轻动灵活、不松动
刹车部分	闸把	检查、调整	不松动、不断裂
	闸线	检查、润滑	不断裂、线套不破损
	前闸、后抱	检查、调整	刹车架不松动、刹车橡皮磨损不超限、刹车间隙合理
其他	泥板	清洁、检查	不破损、不脱开
	车铃	检查、紧固	不破损
	车座	检查、紧固	不破损、不松动
	亲子座(可选)	检查、紧固	不破损、不松动
	尾灯	检查、紧固	不破损、不松动
	单支(搁脚)	检查、紧固	不破损

公共自行车运营单位每天应对各服务站点的站容站貌进行检查，检查内容见表 9-6。

(7)安全措施与紧急情况处置

①安全措施。公共自行车运营单位应在服务站点醒目位置告知公共自行车租用者，应遵守交通安全法规的相关规定。宜给公共自行车租用者投保与人身安全相关的保险。

②紧急情况处置。公共自行车运营单位应制定极端气候、重大社会活动及其他可能危及安全情况下的应急预案，并做好相关资源、技术和组织准备。

表 9-6　公共自行车服务站点整洁合格率检查内容

检查部位	检查项目	考核要求	备注
固定设施	标志、标识	标志与标识齐全、规范、清晰、干净	根据服务站点特点选择检查项目，并设置权重分值
	构筑物	洁净、无灰尘、无蜘蛛网、无残标、无积垢	
	地面	地面干净、无破损、无污物、无烟蒂纸屑	
	摄像头	摄像头清洁、无损坏、无遮挡	
	照明	照明灯具无积垢、无蜘蛛网	
	自助服务机	自助服务机干净、无污物	
	锁止装置	锁止装置干净、无污物、油漆无脱落	
	物品摆放	物品按照规定位置摆放整洁、无杂物	
公共自行车	车身	车身干净无污物	根据公共自行车特点选择检查项目，并设置权重分值
	车篮	车篮内、外干净无污物	
	护板	护板无污物、无残标	
	前后钢圈	前后钢圈无污物	
	座椅	座椅干净、无污物	

参考文献

中华人民共和国住房和城乡建设部，2010. 城市道路交叉口设计规程：CJJ 152—2010[S]. 北京：中国建筑工业出版社：9-22.

中华人民共和国住房和城乡建设部，2011. 中华人民共和国国家质量监督检验检疫总局. 城市道路交叉口规划规范：GB 50647—2011[S]. 北京：中国计划出版社：8.

国家市场监督管理总局，2018. 中国国家标准化管理委员会. 城市道路交通组织设计规范：GB/T 36670—2018[S]. 北京：中国标准出版社：5-14.

中华人民共和国住房和城乡建设部，2016. 城市道路工程设计规范（2016年版）：CJJ 37—2012[S]. 北京：中国建筑工业出版社：15-19.

中华人民共和国住房和城乡建设部，2012. 城市道路路线设计规范：CJJ 193—2012[S]. 北京：中国建筑工业出版社：16-19.

中华人民共和国住房和城乡建设部，2018. 中华人民共和国国家质量监督检验检疫总局. 城市道路工程技术规范：GB 51286—2018[S]. 北京：中国建筑工业出版社：7-10.

中华人民共和国住房和城乡建设部，2016. 城市快速路设计规程：CJJ 129—2009[S]. 北京：中国建筑工业出版社：3-6.

中华人民共和国住房和城乡建设部，2016. 城市地下道路工程设计规范：CJJ 221—2015[S]. 北京：中国建筑工业出版社：15-23.

中华人民共和国公安部，2014. 公交专用车道设置：GA/T 507—2004[S]. 北京：中国标准出版社：1-4.

中华人民共和国住房和城乡建设部，2011. 城市道路公共交通站、场、厂工程设计规范：CJJ/T 15—2011[S]. 北京：中国建筑工业出版社：12-26.

中华人民共和国住房和城乡建设部，2010. 快速公共汽车交通系统设计规范：CJJ 136—2010[S]. 北京：中国建筑工业出版社：6.

中华人民共和国住房和城乡建设部，中华人民共和国国家质量监督检验检疫总局，2016. 城市停车规划规范：GB/T 51149—2016[S]. 北京：中国建筑工业出版社：2-13.

中华人民共和国住房和城乡建设部，2015. 车库建筑设计规范：JGJ 100—2015[S]. 北京：中国建筑工业出版社：9-17.

中华人民共和国公安部，2021. 城市道路路内停车位设置规范：GA/T 850—2021[S]. 北京：中国建筑工业出版社：1-4.

中华人民共和国住房和城乡建设部，中华人民共和国国家发展和改革委员会，2010. 城市公共停车场工程项目建设标准：建标 128—2010[S]. 北京：中国计划出版社：2.

中华人民共和国住房和城乡建设部，国家市场监督管理总局，2021. 城市步行和自行车交通系统规划标准：GB/T 51439—2021[S]. 北京：中国建筑工业出版社：2-16.

中华人民共和国住房和城乡建设部，中华人民共和国国家质量监督检验检疫总局，2012. 无障碍设计规范：GB 50763—2012[S]. 北京：中国建筑工业出版社：6-8.

中华人民共和国建设部，1995. 城市人行天桥与人行地道技术规范：CJJ 69—1995[S]. 北京：中国建筑工业出版社：2-4.

中华人民共和国国家质量监督检验检疫总局，中国国家标准化管理委员会，2016. 城市公共自行车交通服务规范：GB/T 32842—2016[S]. 北京：中国建筑工业出版社：1-4.

中华人民共和国住房和城乡建设部，国家市场监督管理总局，2018. 城市综合交通调查技术标准：GB/T 51334—2018[S]. 北京：中国建筑工业出版社：27.

中华人民共和国国家质量监督检验检疫总局，中国国家标准化管理委员会，2016. 城市交通运行状况评价规范：GB/T 33171—2016[S]. 北京：中国建筑工业出版社：1-7.

中华人民共和国国家质量监督检验检疫总局，中国国家标准化管理委员会，2012. 道路交通信息服务—交通状况描述：GB/T 29107—2012[S]. 北京：中国标准出版社：2-6.

中华人民共和国住房和城乡建设部，国家市场监督管理总局，2018. 城市综合交通体系规划标准：GB/T 51328—2018[S]. 北京：中国建筑工业出版社：2-6.

中华人民共和国住房和城乡建设部，中华人民共和国国家质量监督检验检疫总局，2015. 城市道路交通标志和标线设置规范：GB 51038—2015[S]. 北京：中国计划出版社：89-92.

中华人民共和国住房和城乡建设部，中华人民共和国国家质量监督检验检疫总局，2019. 城市道路交通设施设计规范(2019年版)：GB 50688—2011[S]. 北京：中国计划出版社：10-30.

项乔君，2022. 道路交通设计[M]. 2版. 北京：人民交通出版社.

杨晓光，2021. 交通设计[M]. 2版. 北京：人民交通出版社.

邵春福，2016. 城市交通设计[M]. 北京：北京交通大学出版社.